Apprivoisez votre magnétisme

Illustrations d'Alexandra Alzieu.

Anne-Sophie **CASPER**

Apprivoisez votre magnétisme

Le guide pour prendre soin de soi
et des autres avec ses mains

À toutes les personnes perdues…
dans la bonne direction !

TABLE DES MATIÈRES

AVANT-PROPOS

« Il n'y a pas de hasard, il n'y a que des rendez-vous. » Cette citation de Paul Éluard illustre et résume parfaitement ma relation avec le magnétisme. Lorsque j'étais enfant, sans trop comprendre pourquoi, on qualifiait souvent ma présence de « charismatique », et mon regard de « magnétique ». Tel un tsunami, partout où je me rendais, ça passait ou ça cassait. Quoi que je fasse, quoi que je dise et où que je sois, on me remarquait !

Pour ces aspects et bien d'autres que je ne développerai pas ici, je me sentais profondément différente, comme un électron libre hyperactif. J'étais une boule d'énergie qui pouvait exploser à tout moment. Paradoxalement, mon profil était classique, standard, tout simplement « humain » : j'étais une jeune fille, une jeune femme en apparence tout à fait normale. Et pourtant, le hasard n'existe pas… Je le sais aujourd'hui, mon histoire d'amour avec l'énergie magnétique ne faisait que débuter.

J'ai pris conscience récemment que j'ai eu de tout temps accès à cette profonde réserve d'énergie naturelle instinctive. Pourtant, pendant des années, je ne l'ai pas exploitée, ou plutôt mal exploitée. Ne sachant ni la reconnaître ni l'apprivoiser, je l'ai, par peur, oubliée et reniée. Puis je suis revenue à elle il y a dix ans, en la développant de façon hasardeuse. J'ai fréquenté des vampires énergétiques, jusqu'à en devenir une, en cultivant ma partie la plus sombre. Durant plusieurs années, j'ai accepté inconsciemment d'être manipulée énergétiquement, émotionnellement et physiquement. J'étais vidée de mon énergie, de mon essence de vie.

On peut dire que j'ai flirté dangereusement avec les lois du karma[1]. Ce que je me refusais d'accepter a continué de me rattraper. Ce sont les lois de l'humilité et de la responsabilité qui m'ont fait comprendre qu'il ne fallait pas que je recherche ailleurs ce que j'avais à l'intérieur de moi. J'ai également pris conscience de l'importance de développer et canaliser cette capacité naturelle. Il n'y a pas de hasard… Elle m'était offerte pour la cultiver et non la piétiner !

Mon cheminement avec le magnétisme fait sens aujourd'hui. Le partage de mon expérience à travers cet ouvrage est donc très important pour moi. J'ai à cœur de vous sensibiliser sur le magnétisme. Ce milieu particulier de l'énergétique est composé de lumineuses personnes honnêtes, bienveillantes et professionnelles, mais aussi de grands manipulateurs, voire de dangereux gourous. Protection, libre arbitre et respect de soi doivent être toujours honorés. Mon premier conseil : si ce n'est pas le cas, fuyez !

---

1. Goswami Kriyananda, *Les Lois du Karma. Étude approfondie des enseignements ésotériques du Kriya yoga*, CKFY Éditions.

De l'attirance à la rencontre jusqu'au partage et à l'engagement, en passant par le contact physique, je vous invite dans ce livre à développer **votre propre relation avec le magnétisme.** À votre rythme, et de la manière la plus sécurisante possible pour vous : respectez avant tout vos besoins et vos envies.

Enfin, si vous lisez ces mots, c'est sans doute que vous voulez ici prendre rendez-vous avec vous-même… car il n'y a pas de hasard !

INTRODUCTION

« Le respect de nos semblables est la règle de notre conduite », disait Johann Wolfgang von Goethe. Avant toute explication théorique ou exercice pratique, quelle que soit la méthode que j'emploie, j'ai personnellement besoin de me sentir libre et d'être en parfait accord avec moi-même. Pour cela, il est important pour moi de déterminer un cadre.

En magnétisme, le cadre légal est très clair et précis. Le magnétisme ne doit **jamais se substituer aux traitements médicaux prescrits par un professionnel de santé titulaire d'un diplôme de docteur en médecine.**

Qu'il s'agisse de vous ou des autres, demandez toujours tous les examens médicaux nécessaires pour vérifier l'état de santé. Nous devons suivre scrupuleusement l'avis du corps médical. **Vous ne pouvez pas conseiller à une personne d'arrêter son traitement médical**. En Occident, le magnétisme n'est pas considéré comme une « médecine ».

Au-delà du non-respect des autres et des valeurs que je souhaite vous transmettre dans ce livre, vous enfreindrez la loi française, et plus particulièrement l'article suivant :

article L4161-1 du Code de la santé publique, modifié par loi n° 2021-1017 du 2 août 2021, art. 32, « Exercice illégal de la médecine ».
Je cite : « **Exerce illégalement la médecine**, toute personne qui prend part habituellement ou par direction suivie, même en présence d'un médecin, à l'établissement d'un diagnostic ou au traitement de maladies, congénitales ou acquises, réelles ou supposées, par actes personnels, consultations verbales ou écrites ou par tous autres procédés quels qu'ils soient, ou pratique l'un des actes professionnels prévus dans une nomenclature fixée par arrêté du ministre chargé de la Santé pris après avis de l'Académie nationale de médecine, sans être titulaire d'un diplôme, certificat ou autre titre mentionné à l'article L. 4131-1 et exigé pour l'exercice de la profession de médecin, ou sans être bénéficiaire des dispositions spéciales mentionnées aux articles L. 4111-2 à L. 4111-4, L. 4111-7, L. 4112-6, L. 4131-2 à L. 4131-5. »

Je cite : « Les personnes morales déclarées responsables pénalement, dans les conditions prévues par l'article 121-2 du Code pénal, de l'infraction définie à l'article L. 4161-5 encourent, outre l'amende suivant les modalités prévues par l'article 131-38 du code pénal, les peines prévues par les 2° à 9° de l'article 131-39 du même code. » (Article L4161-6 du Code de la santé publique.)

Je cite : « Le fait, pour toute personne ne remplissant pas les conditions requises pour l'exercice de la profession de médecin, de chirurgien-dentiste ou de sage-femme, de recevoir, en vertu d'une convention, la totalité ou une quote-part des honoraires ou des bénéfices provenant de l'activité professionnelle d'un membre de l'une des professions régies par le présent livre, médecin, chirurgien-dentiste ou sage-femme est puni de 4 500 euros d'amende et en cas de récidive de six mois d'emprisonnement et de 9 000 euros d'amende. » (Article L4163-3 du Code de la santé publique.)

J'attire également votre attention sur les termes « guérison », « soin » et « traitement » qui sont souvent employés à tort par certains magnétiseurs. Ce vocabulaire est assez ambigu et peut porter à confusion. Il doit être exclusivement employé par le personnel soignant et le corps médical. Je vous invite donc à parler de « séance », de « rendez-vous », de « bien-être » et « d'accompagnement », ou encore de « complément thérapeutique ».
Dans la dernière partie de ce livre, qui aborde l'éthique et la déontologie, vous trouverez un cadre complet de la pratique du magnétisme.

L'ATTIRANCE

Comme je vous l'expliquais en introduction, si vous lisez aujourd'hui cet ouvrage, c'est que vous avez rendez-vous avec vous-même. Je crois que, dans la vie, il n'y a vraiment pas de hasard. Vous vous sentez peut-être attiré par le magnétisme comme un aimant, mais qu'est-ce que le magnétisme précisément ? Saviez-vous qu'il existe non pas un mais plusieurs magnétismes ? Et depuis quand existent-t-ils ? Enfin, est-ce véritablement la bonne période pour développer votre magnétisme ? Cette partie répondra à vos questionnements avant de vous lancer.

Est-ce la bonne période pour développer votre magnétisme ? Pour confirmer que c'est un grand oui ou vous aider à rendre ce moment idéal, je vous invite à répondre aux tests qui suivent.

Testez-vous !

Respirez profondément et lisez calmement les affirmations suivantes. En toute honnêteté et en toute transparence avec vous-même, cochez celles qui vous correspondent. Faites le total de chaque test. Additionnez les quatre totaux et découvrez votre résultat.

TEST 1
Mon hygiène de vie

- ☐ Je fais au moins 45 minutes d'activité par jour (marche rapide, footing...).
- ☐ Je dors au moins 7 heures par nuit en semaine et 8 heures le week-end.
- ☐ Je ne fume pas, comme la majorité de mon cercle proche (famille et amis).
- ☐ Je bois en moyenne au moins 1,5 litre d'eau et pas plus d'un verre de vin par jour.
- ☐ J'aère mon lieu de vie quotidiennement et fais un à deux grands ménages par an.
- ☐ J'entretiens ma peau régulièrement (démaquillage, gommage, modelage, soin corporel...).

- ☐ Je m'offre une pause bien-être une fois par mois (balade en pleine nature, spa, massage…).
- ☐ Je mange des repas plutôt variés et équilibrés trois fois par jour.
- ☐ Je choisis des produits et aliments biologiques dès que je le peux.
- ☐ Je réalise un check-up santé chaque année (dentiste, gynécologue…).

Total 1 = ☐

TEST 2
Mon moral et mes émotions

- ☐ J'arrive facilement à identifier mes émotions et celles des autres (colère, joie, tristesse, peur, surprise, dégoût…).
- ☐ J'accueille mes émotions et ne me laisse pas totalement déstabiliser par elles.
- ☐ J'écoute et exprime mes émotions quand j'en ressens le besoin.
- ☐ Je me sens parfaitement stable psychiquement. Mon moral n'oscille pas du tout au rien.

- ☐ Je suis une personne optimiste, bienveillante et positive selon ceux qui me fréquentent.

- ☐ J'essaie le plus souvent de reconnaître et d'écouter mes émotions pour être en « réponse » et non en « réaction » lorsqu'un événement me bouscule.

- ☐ J'apprécie le silence et me sens serein lorsqu'il se présente, quelle que soit la situation.

- ☐ Je recherche l'apprentissage dans chaque défi ou challenge qui m'est présenté.

- ☐ Je pratique quotidiennement la méditation ou une méthode similaire de recentrage et d'ancrage.

- ☐ J'aime découvrir des outils et pratiquer de nouvelles techniques pour mieux me connaître et me dépasser afin d'évoluer positivement.

Total 2 = ☐

TEST 3
Mon équilibre personnel et professionnel

- ☐ Je veille régulièrement à l'équilibre des domaines les plus importants de ma vie (personnel, professionnel, familial, intime, social…).

- ☐ Je travaille en respectant mon rythme, mes limites, mes valeurs et mes besoins.
- ☐ Je rebondis facilement face à l'imprévu, ne procrastine pas et distingue l'urgent de l'important.
- ☐ Je mets des actions en place pour réaliser au moins un de mes rêves personnels et/ou professionnels.
- ☐ Je prends suffisamment de distance pour que le professionnel ne déborde pas trop sur ma vie personnelle (et inversement).
- ☐ Je pratique la relaxation ou la cohérence cardiaque et m'appuie sur des personnes bienveillantes pour déjouer le stress.
- ☐ Je peux passer plusieurs heures sans consulter mon téléphone ou mon ordinateur en dehors de mon travail, même seul.
- ☐ Je ne me sens pas exténué quand arrive le week-end.
- ☐ Je prends le temps de manger sans travailler.
- ☐ Je profite pleinement de tous les jours de congé qui me sont alloués ou je m'octroie des vacances, du temps libre pour moi, si je suis travailleur autonome.

Total 3 = ☐

TEST 4
Mon âme de guérisseur

☐ Je suis particulièrement sensible aux énergies (êtres humains, animaux, nature, lieux) mais ne me sens pas submergé ou dépassé par elles.

☐ J'endosse aisément le rôle de confident dans un groupe. J'aime tisser des liens avec les gens car ils se confient facilement à moi.

☐ Je crois aux signes, aux synchronicités et en ma grande part de responsabilité dans ma vie.

☐ Je suis très généreux mais j'aime autant donner que recevoir (des cadeaux, des compliments, du temps, de l'attention…).

☐ J'ai à cœur d'apporter de l'harmonie et de l'amour partout où je passe, tout en prenant soin de moi-même et des autres.

☐ Je suis pleinement engagé. Lorsque je me donne (pour une cause, une œuvre, une personne ou une association), c'est à 100 %.

☐ Je suis spontané, simple, serviable et authentique. On dit souvent de moi que j'ai le cœur sur la main.

☐ J'ai expérimenté et je reconnais aujourd'hui la différence entre « aider » et « sauver ».

☐ Je ressens beaucoup de joie lorsque j'invite les autres à écouter leur ressenti et leur intuition, sans pour autant les y contraindre par la force ou la pression.

☐ Je suis profondément créatif, original et attiré par l'art, sous toutes ses formes (musique, théâtre, danse, peinture, photographie...).

Total 4 = ☐

Total 1 + 2 + 3 + 4 = ☐

RÉSULTATS

Si vous avez coché 32 affirmations ou plus

Tous les feux sont au vert ! Vous êtes prêt, archi-prêt et plus que prêt ! Soyez reconnaissant et remerciez votre intuition qui vous a poussé à acheter cet ouvrage. C'est le moment idéal pour plonger la tête la première dans le fabuleux monde du magnétisme. Lors de votre immersion, veillez tout de même à respecter les différents paliers de décompression afin de profiter en toute sécurité de votre découverte. L'intégration doit se faire pas à pas. Pour garder votre bel équilibre physique, émotionnel et psychique, jetez un œil à mes recommandations ci-dessous.

Si vous avez coché entre 20 et 31 affirmations

Il semblerait que vous possédiez une excellente base, forte et solide, pour optimiser votre énergie magnétique. Bravo ! Vous avez tout pour maximiser les aspects favorables de votre vie, en particulier si les totaux des mini-tests sont homogènes. Si ce n'est pas encore le cas, je vous conseille de vous focaliser sur mes conseils concernant vos thématiques les moins fortes. Vous gagnerez en sérénité et en confiance en les reboostant en énergie.

Si vous avez coché 19 affirmations ou moins

Je vous invite à vous questionner, sans jugement, au plus profond de votre âme. Sur une échelle de 0 à 10, comment vous sentez-vous présentement ? Si la curiosité et la joie vous animent toujours, ne baissez surtout pas les bras. Rappelez-vous ce qui vous a poussé à ouvrir ce livre. Que désirez-vous vraiment faire de votre énergie magnétique ? Pour atteindre votre objectif, passez à l'action en expérimentant mes propositions ci-après. Prenez votre temps pour les assimiler et respectez votre rythme. Si votre chemin est de développer le magnétisme, le moment idéal viendra, dans une heure, un jour ou un an. N'oubliez pas, il n'y a pas de hasard, il n'y a que des rendez-vous.

Maintenir ou (re)trouver son équilibre physique, psychique et émotionnel

L'hygiène de vie

✦ L'alimentation

Notre corps étant constitué à 65 % d'eau, il est important de **s'hydrater quotidiennement et en quantité suffisante.** Pour éliminer les toxines, je vous recommande de boire au réveil un verre d'eau tiède avec un peu de jus de citron biologique. Avant chaque repas, au coucher et avant de vous doucher, prenez le réflexe de boire un grand verre d'eau. Vous faciliterez votre digestion, laverez votre organisme et abaisserez votre tension artérielle. Pour agrémenter votre pichet d'eau, plongez-y des fruits ou des légumes biologiques frais comme des fraises, de l'orange, du concombre ou des feuilles de menthe.

En toute sincérité, je n'ai pas encore adopté **le régime végétarien ou vegan**. Je suis « semi-végétarienne » car je mange du poisson, des fruits de mer et de la volaille. Je ne cours vraiment pas après la viande rouge et peux me passer des œufs. Simple coïncidence ou conséquence inévitable ? C'est dans ma période la plus sombre que j'ai suivi un régime hyperprotéiné en ne m'alimentant quasiment que de protéines animales. J'étais une vraie carnivore capable d'engloutir de la viande crue presque par kilo ! J'ai su bien après qu'elle contenait des toxines, des produits de putréfaction et de l'acide urique.

RECETTE

Mon smoothie énergisant 100 % vegan

Ingrédients

- 1 tasse de lait d'amande (ou de lait de coco)
- ½ citron vert (ou jaune)
- 1 cuillerée à soupe de sirop d'érable (ou d'agave)
- 1 cuillerée à café de spiruline
- 1 cuillerée à café de maca en poudre (ou de lucuma, de baies de maqui ou d'ashwagandha)
- Quelques brins de persil
- 4 cuillerées à soupe d'épinards
- 1 avocat
- ½ pomme

Recette

- Versez le lait d'amande dans votre blender.
- Ajoutez ensuite le jus du demi-citron, le sirop d'érable, la spiruline, le maca, le persil, les épinards et l'avocat.
- Coupez grossièrement la pomme en dés et incorporez-la au mélange.
- Mixez le tout pour obtenir une boisson onctueuse.
- Au besoin, rajoutez un peu d'eau ou de lait d'amande.

Son assimilation est beaucoup plus lente que celle des végétaux, qui ont un pouvoir énergétique plus intéressant.

Pour **remplacer les protéines animales**, de nombreuses alternatives existent : la spiruline et l'amande (utilisées dans mon smoothie 100 % vegan, voir page ci-contre), le soja, la lentille, le chanvre, le seitan, le tempeh, le lupin, la noix, l'épeautre, le quinoa, le chia ou encore les graines de courge.

Favorisez donc plutôt les légumes et les fruits pour découvrir plus facilement votre énergie magnétique.

• Le sommeil

Nous passons un tiers de notre temps à dormir. Alors, pour en tirer avantage, il est important de ne pas boire de caféine ni de théine après 17 heures. **Favorisez les tisanes ou les infusions biologiques** de passiflore, valériane, mélisse, ou encore le rooibos. Ils vous aideront facilement à tomber dans les bras de Morphée. **Le soir, éteignez assez tôt vos écrans** (téléphone, ordinateur, télévision). Leur lumière bleue ralentit la production de l'hormone du sommeil, la mélatonine. Votre horloge biologique peut en être affectée.

Pas de séance intensive de sport juste avant de dormir ! Le sport stimule la production de l'adrénaline, l'hormone de la performance. Privilégiez la lecture, un bain chaud et quelques gouttes d'huile essentielle de petitgrain bigarade (*Citrus aurantium ssp. aurantium*) ou de lavande vraie (*Lavandula angustifolia*) pour faciliter l'endormissement.

J'ai découvert depuis peu que la position que j'adopte souvent pour m'endormir est la posture yogique de la déesse du sommeil, Supta Baddha Konasana. Grâce à cette pratique, les tensions du corps se relâchent, le système digestif est réactivé et le système nerveux apaisé. Elle permet de se régénérer, de se libérer et de se ressourcer en profondeur. Si vous adoptez cette position originale pour dormir, prévenez votre partenaire pour ne pas le surprendre, comme moi !

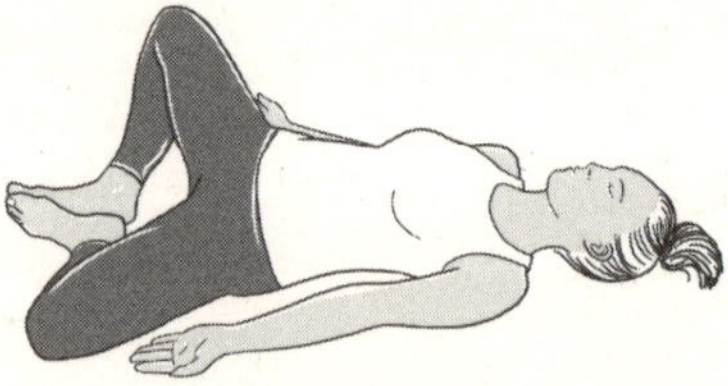

Postures yogiques de la déesse du sommeil (en position couchée)

• Mon moral et mes émotions

L'émotion est une énergie. Si on tente de la refouler, cette énergie s'exprimera dans notre corps et aura un impact direct sur notre santé physique. Comme une émotion est d'ordre biologique et ne dure que quelques minutes, ce sont les sentiments associés à cette émotion qui augmenteront sa durée et affecteront notre santé psychique et énergétique.

Instinctivement, notre cerveau nous protège de ce qui nous met en danger. C'est pourquoi, à la suite d'un choc émotionnel, certaines de nos émotions sont immédiatement enfouies dans notre inconscient. Lorsqu'elles refont surface dans notre conscience, l'effet peut être très violent. Il est donc primordial d'identifier, de nommer et d'exprimer nos émotions. Ainsi, on réduit considérablement leur impact car nous ne sommes plus en « réaction » mais en « réponse ». Pour vous y aider, jouez avec **la loi d'attraction** [2] en entretenant chaque jour de belles pensées positives. Vous ressentirez le bonheur au plus profond de vous. Accompagnée par des temps de méditation, cette vibration positive transformera réellement votre quotidien.
L'essayer, c'est l'adopter !

• Mon équilibre personnel et professionnel

Le stress (ou syndrome général d'adaptation) regroupe l'ensemble des réponses d'un organisme soumis à des

---

2. Virgile-Stanislas Martin, *50 exercices pour pratiquer la loi d'attraction*, éditions Eyrolles.

contraintes environnementales. **Le stress englobe tous les phénomènes d'adaptation de chaque être vivant.** Cela est rendu complexe par l'association étroite entre notre dimension biologique et notre dimension cognitive. La définition que nous donnons du stress aujourd'hui englobe aussi bien l'agent « stresseur » que la réponse que nous lui apportons.

Dans la vie courante, on parle de stress positif ou négatif. Pourtant, le stress n'est pas négatif en soi. Son impact négatif est lié à son intensité, à sa durée et à la capacité d'absorption personnelle que nous en avons. Face au stress, nous sommes inégaux.

« Il n'y a pas de stress dans le monde, seulement des personnes qui créent des pensées stressantes et agissent sous leur contrôle », comme l'affirme Wayne Dyer.
Pour vaincre votre mental et réduire l'impact physique du stress, **la relaxation musculaire progressive et active d'Edmund Jacobson** est hyper-efficace. Elle peut être pratiquée par tous et à tout moment de la journée, dès que vous en ressentez le besoin. Elle est idéale pour identifier nos contractions musculaires et ainsi mieux les éliminer.

QUELQUES RÉFÉRENCES POUR TOUS

• L'émotion est une énergie, et le lien entre nos émotions et les maladies est très étroit. La formule « La maladie, c'est le mal a dit » est parfaitement démontrée par

Jacques Martel dans *Le Grand Dictionnaire des malaises et des maladies*.

• Il n'y a pas d'émotion positive ou négative. Chacune a un rôle essentiel pour maintenir notre équilibre. Le film *Vice Versa*, de Pixar, l'explique merveilleusement aux petits comme aux grands.

• Pour vous libérer de vos kilos émotionnels et dire adieu à l'alimentation de consolation, je vous recommande le livre *Cessez de manger vos émotions*, d'Isabelle Huot et Catherine Senécal.

PETITS EXERCICES DE RELAXATION MUSCULAIRE

Voici deux exemples extraits de la méthode d'Edmund Jacobson[3], à pratiquer 3 fois par jour. Pour éliminer idéalement les tensions musculaires et le stress, installez-vous confortablement dans un endroit calme lorsque vous réalisez ces deux exercices. Coupez votre téléphone, tamisez la lumière et respirez 3 fois profondément en gonflant votre ventre.

Vous devez rester éveillé. Si vous vous sentez très fatigué, mieux vaut reporter votre séance de relaxation

3. Le docteur Edmund Jacobson est parti du principe que le relâchement musculaire entraîne un état de détente, tant physique que psychique. Dans les années 1920, il a donc créé une technique consistant à contracter puis à relâcher certains muscles du corps.

musculaire progressive. Comme celle-ci abaisse notre température corporelle interne et que nos muscles se détendent plus facilement avec de la chaleur, gardez près de vous une couverture ou un plaid en cas de besoin.

Exercice 1

- Pliez le bras et fléchissez votre biceps brachial. Maintenez la tension musculaire pendant 10 secondes.
- Relâchez votre muscle pendant 20 secondes, puis répétez l'exercice pendant 5 minutes.

Exercice 2

- Réalisez une hyperextension de votre cou en l'étirant au maximum vers l'arrière. Maintenez la tension musculaire pendant 10 secondes. Relâchez votre muscle pendant 20 secondes, puis répétez l'exercice pendant 5 minutes.
- Après relâchement complet de chacun de vos muscles, soyez bien à l'écoute de votre corps. Si vous sentez des fourmillements, de la chaleur ou de l'allégement accompagné d'une sensation de détente, c'est bon signe !

✦ Mon âme de guérisseur

Ancrage et bien-être personnel

Pour ne pas être constamment une éponge qui absorbe les énergies environnantes, **veillez à être toujours ancré.** Vous préserverez ainsi votre bulle personnelle de lumière (voir p. 38).

Personnellement, je l'utilise dans des endroits où la proximité physique avec les autres peut devenir oppressante (métro, ascenseur, foule…).

Vous serez peut-être étonné par mon second conseil, mais je vous invite à vous placer au centre de votre vie. **Mettez-vous toujours en premier.** Personne ne doit passer avant vous quelle qu'en soit la raison. Si vous ne respectez pas votre espace, vos limites, vos envies et vos besoins, vous ne pourrez offrir votre précieuse aide aux autres. Rangez votre cape de sauveur pour enfiler votre doux costume d'aidant et de guidant.

Le rire

Ce n'est pas parce que nous faisons les choses sérieusement que nous devons nous prendre au sérieux. Plus vous vivrez dans l'instant présent et serez détendu, serein, plus votre énergie magnétique sera fluide et intense. L'un des outils naturels à la disposition de tous est le rire ! En 1995, en Inde, le docteur Madan Kataria a créé le yoga du rire. Dans le sud de la France, depuis 2002, l'École internationale du rire partage une méthode inspirée de ce type de yoga, la rigologie. Mélange de yoga, de relaxation, de respiration et de rire, **la rigologie est une véritable thérapie salvatrice et libératrice.** Elle aide à libérer des endorphines (hormones du bonheur et du plaisir), nous revitalise et évacue efficacement le stress. Je vous invite à découvrir le yoga du rire sur ecoledurire.com.

MA BULLE DE LUMIÈRE

Pour visualiser votre bulle de lumière, fermez vos yeux. Dirigez toute votre attention sur le contact de vos pieds sur le sol.

Ressentez l'adhérence de ces derniers avec la terre. La sensation est-elle chaude, froide, dure, agréable ?

Prenez le temps de faire grandir ce ressenti. Puis, lorsque ce lien terrestre est assez solide, guidez votre attention sur le sommet de votre crâne.

Visualisez à quelques centimètres de votre tête une douche de lumière. Elle coule par votre cerveau et votre cœur pour se prolonger jusqu'au bout de vos doigts.

À l'aide de cette lumière, formez une bulle de lumière qui entoure tout votre être. Elle peut avoir la forme, la couleur et la texture de votre choix. Le plus important est que vous la trouviez confortable, protectrice et lumineuse.

Portez votre attention sur le bien-être qui vous envahit et la sécurité qu'elle vous apporte. Une fois que vous l'aurez créée, quelques secondes vous suffiront pour la retrouver. Votre bulle s'adaptera à chaque moment de votre vie et vous pourrez vous reconnecter avec elle dès que vous en ressentirez le besoin.

Le magnétisme, qu'est-ce que c'est au juste ?

Petit lexique du magnétisme

Lorsque je constate les dérives, contradictions et approximations de certaines personnes évoluant dans le milieu de l'énergétique, je pense qu'il vaut mieux apprendre et connaître quelques notions théoriques avant de pratiquer. Je crois profondément en **la puissance des mots** et à leur impact, qu'ils soient prononcés, écrits ou lus : les mots soulagent les maux. J'ai un vif intérêt pour leur symbolique, leur précision et leur justesse, voilà pourquoi vous trouverez ci-dessous mon petit lexique – non exhaustif – des termes utilisés en magnétisme. Je vous invite à vous y référer au fil de votre lecture.

A

Aimant naturel

Tout être vivant (plante, animal, être humain) possède naturellement de l'énergie magnétique. Vous êtes donc un aimant naturel. En attraction avec les énergies environnantes, vous pouvez les absorber, les stocker et même les transformer. Vous avez aussi la faculté de partager votre propre énergie magnétique.

C

Canal

On dit d'une personne qui capte et transmet des messages, des images, des sons, des odeurs et de l'énergie qu'elle est canal (*channel* en anglais). En tant que magnétiseur, nous partageons notre propre énergie magnétique. Lorsque nous sommes dans le moment présent, parfaitement aligné et que notre mental est vide de toute pensée, nous devenons alors canal d'énergie universelle. Nous avons tous la capacité d'être canal. Mais comme pour tout don, nous ne naissons pas tous égaux. Certains devront expérimenter et pratiquer davantage pour le développer.

Canalisation

La canalisation (*channeling* en anglais) est la méthode qui qualifie l'action du canal (défini plus haut). Lors d'une canalisation, on peut être, selon nos croyances, en contact direct avec nos guides de lumière, les anges, les maîtres ascensionnés, les entités, les esprits, les animaux, les êtres féeriques... Nous sommes également canal lorsque nous écoutons notre petite voix intérieure et que nous avons l'intuition de faire ou de dire quelque chose en particulier.

Clairalience

La clairalience désigne le sens psychique associé à l'odorat. Assez méconnu, ce don permet de ressentir et de reconnaître des odeurs en tant que canal. Cela peut être l'odeur du parfum d'un défunt ou d'une fleur qu'il affectionnait particulièrement. Par exemple, ma grand-mère avait comme couleur préférée le rose – elle est d'ailleurs décédée dans une chambre d'hôpital aux murs roses. Lorsque je ressens sa présence énergétique, je sens instinctivement l'odeur de la rose. Comme pour tout don, nous ne naissons pas tous égaux. Certains devront expérimenter et pratiquer davantage pour le développer.

Clairaudience

Vous êtes clairaudient si vous pouvez capter des sons (voix, mots, musique, bruits…) que d'autres n'entendent pas. Ils ne se produisent pas sur le plan physique mais viennent d'ailleurs. C'est du même ordre que la télépathie. Cela m'a personnellement joué quelques jolis tours lors de mes années d'animatrice radio et télé ! Alors si parfois vos oreilles bourdonnent ou que votre tympan vous pique sans aucune explication médicale rationnelle, vous êtes sans doute en train d'ouvrir votre clairaudience. Comme pour tout don, nous ne naissons pas tous égaux. Certains devront expérimenter et pratiquer davantage pour le développer.

Claircognizance

Lorsque nous sommes claircognizant, nous possédons la capacité de connaître des informations qui s'avèrent parfaitement justes et fiables, sans aucune explication. Peut-être avez-vous déjà eu l'intuition qu'un événement allait se produire ou qu'une parole allait être dite sans pour autant les visualiser ou les entendre ? Avez-vous de forts pressentiments intuitifs qui vous poussent littéralement à changer de route, de travail ou de place dans un train, sans raison ? Si oui, vous êtes sans doute doté de la « connaissance claire ». Comme pour tout don, nous ne naissons pas tous égaux. Certains devront expérimenter et pratiquer davantage pour le développer.

Clairgustance

La clairgustance est reliée au sens du goût. Certaines personnes peuvent ressentir l'énergie que l'on a mise dans de la nourriture. Par exemple, le cuisinier était de bonne humeur et heureux de préparer un plat ou, au contraire, sa cuisine dégage des ondes lourdes et pesantes. Comme pour tout don, nous ne naissons pas tous égaux. Certains devront plus expérimenter et pratiquer pour le développer.

Clairsentience

La clairsentience est le don des empathes ! Si vous désirez réveiller le magnétiseur ou la magnétiseuse qui sommeille en vous, il y a une forte probabilité pour que vous soyez clairsentient. Grâce au sentiment, au ressenti et aux vibrations dégagées, les clairsentients obtiennent des informations sur un être vivant, un défunt, un lieu, un événement ou un objet. Nous sommes nombreux à bénéficier de cette capacité naturelle depuis l'enfance. Pour notre plus grand bonheur, la société reconnaît de plus en plus la clairsentience. Comme pour tout don, nous ne naissons pas tous égaux. Certains devront expérimenter et pratiquer davantage pour le développer.

Clairvoyance

La clairvoyance est la capacité psychique de « vision claire ». Les personnes clairvoyantes voient des images très précises (formes, couleurs, mouvements) dans le passé, le présent et l'avenir. Le clairvoyant peut également être en contact visuel avec des défunts pour communiquer avec eux. La plupart des personnes clairvoyantes se rappellent très précisément leurs rêves, régulièrement prémonitoires. Comme pour tout don, nous ne naissons pas tous égaux. Certains devront expérimenter et pratiquer davantage pour le développer.

E

Énergie

Il s'agit de l'énergie vitale qui est présente dans tout être vivant (plante, animal, être humain). Lorsque l'on est canal, notre énergie vitale se confond avec celle de l'Univers tout entier. J'utilise le terme d'énergie universelle, mais on la retrouve sous d'autres noms : fluide, essence, *prana* (en Inde), *qi* ou *chi* (en Chine) et *ki* (au Japon).

Esprit

Sa racine latine *spiritus* désigne une spirale ou un souffle. En magnétisme, on le nomme le plus souvent « âme ». Il s'agit d'un être incorporel, intemporel et immatériel, qui regroupe l'ensemble de nos pensées sous la forme la plus pure. Un esprit peut être l'âme d'un défunt. Grâce à certains médiums dotés de dons de clairaudience, clairvoyance, clairsentience, claircognizance, clairalience et clairgustance (définis plus haut), il est possible de communiquer avec un défunt.

G

Guérison

De nombreux magnétiseurs utilisent à tort les termes « guérisseur », « guérison » et « crise de guérison » (qui désigne un pic intense de douleur juste avant sa disparition). En effet, grâce au magnétisme, nous pouvons prévenir les maladies, accompagner leur gestion ou même stopper leur développement. En revanche, nous ne guérissons pas, mais transmettons l'énergie en notre possession (l'énergie universelle ou l'énergie magnétique personnelle). Même si nous suivons une formation et travaillons au quotidien notre don, en aucun cas nous ne sommes habilités à utiliser les termes des professionnels de la santé (soin, guérison, ordonnance, prescription...). Je vous rappelle que vous ne devez jamais arrêter ou conseiller d'arrêter un traitement. Le magnétisme ne se substitue pas aux recommandations, soins et traitements médicaux prescrits par un professionnel de santé titulaire d'un diplôme de docteur en médecine.

Guides

Nous avons en moyenne trois ou quatre guides spirituels (également appelés guides de lumière) qui nous accompagnent au quotidien. Chaque jour, 24 heures sur 24, nous recevons des messages de leur part. Nous avons tous la capacité de les entendre et de les écouter. Certains parleront de leur « petite voix intérieure » ou de leur « intuition » mais, la plupart du temps, il s'agit bien de nos guides qui soufflent à notre âme des conseils bienveillants. Selon vos croyances, vos guides peuvent être vos proches décédés, vos anges gardiens, des maîtres ascensionnés, des êtres de lumière, des guides animaux ou encore des guides chamaniques (animal totem ou animal de pouvoir).

K

Karma

C'est la loi de cause à effet. En sanskrit, *karma* signifie « action ». Dans le bouddhisme, il est intimement lié à trois éléments fondamentaux : la pensée, la parole et le corps. Le karma est souvent associé à une destinée implacable et intangible alors qu'au contraire, il est au cœur du concept de responsabilité. Chaque action entraîne des conséquences. Selon la croyance, plus les pensées, paroles et actions physiques sont positives, plus leurs effets le seront également. Si vous croyez comme moi au principe des vies successives, sachez que le karma nous suit à chaque incarnation de notre âme. Vos vies antérieures peuvent donc avoir des conséquences dans celle actuelle et ainsi de suite.

L

Loi d'attraction

Véritable pouvoir mental et vibratoire, la loi d'attraction est basée sur chacune de nos pensées, de nos émotions et de nos sensations. Comme elles sont chargées d'une vibration, elles génèrent de l'énergie. La vibration de l'inquiétude, de la colère ou de la tristesse sera beaucoup plus basse que celle de la joie, de la sérénité et de la plénitude. Le principe de la loi d'attraction est le suivant : en nous concentrant sur nos pensées, nos émotions et nos sensations positives, nous attirons à nous des expériences de vie positives – si elles doivent nous arriver. Le fait de visualiser de manière positive ce que nous désirons, en mettant tout en œuvre pour que cela arrive, nous transforme comme en aimant à bonheur ! J'ai moi-même expérimenté un beau résultat grâce à la loi d'attraction : j'ai immigré au Québec après quatre ans de procédures administratives laborieuses depuis la France. Plus personne, sauf mon mari et moi, ne croyait cela possible. Mais si, tout est possible, vraiment !

M

Magnétiseur

Le magnétiseur ou la magnétiseuse est un canal humain. Il utilise l'énergie qui l'entoure, le magnétisme terrestre et sa propre énergie magnétique pour aider à soulager les douleurs et les maladies, principalement physiques. Volontairement, je n'utilise pas le terme de guérisseur. Pour en connaître la raison, je vous invite à lire la définition du mot guérison page 44. Thérapeute en énergie vitale, le magnétiseur fait remonter les vibrations vitales déficientes de la personne sur laquelle il impose ses mains (cela fonctionne également pour lui-même). Différentes techniques consistent à cibler précisément les sept chakras principaux. On peut aussi envoyer du magnétisme par téléphone (grâce à la vibration de la voix) ou via une photographie. Quelle que soit la méthode, la principale mission doit rester l'accompagnement et l'apport d'une amélioration avec la plus pure intention. Mais comme pour tout don, nous ne naissons pas tous égaux. Certains devront expérimenter et pratiquer davantage pour développer leur magnétisme personnel.

Magnétisme

Le magnétisme vient du latin *magne*, qui signifie aimant. En magnétisme, les mains agissent comme des aimants et transmettent de l'énergie magnétique afin de prévenir les maladies, d'accompagner leur gestion quand elles sont présentes, ou même de stopper leur développement. Il aide à calmer la douleur, les inflammations, rétablit l'harmonie et l'homéostasie (l'équilibre dynamique). Cette méthode est composée de différentes techniques de manipulation (impositions des mains, passes, frictions, effleurement et souffle chaud) développées page 95. Certains praticiens et enseignants l'appellent électromagnétisme, magnétothérapie (utilisation des aimants), polarité ou encore technique de fluide magnétique. Le magnétisme peut se révéler en chacun de nous et se développer à tout âge. Mais comme pour tout don, nous ne naissons pas tous égaux. Certains devront l'expérimenter et le pratiquer davantage pour bien le développer et amplifier son effet.

Médium

Le médium est un canal, un intermédiaire, selon sa racine latine. Il possède une sensibilité naturelle à servir d'intermédiaire entre les mondes invisible et matériel. Chaque médium a un ou plusieurs dons privilégiés (clairalience, clairaudience, claircognizance, clairgustance, clairsentience ou clairvoyance, définis plus haut, p. 40-43) pour l'aider à remplir sa mission de porte-parole des guides de la personne qui le consulte. Le médium ne pratique pas la voyance (voir p. 50).

R

Radiesthésie

En grec, radiesthésie signifie « sensibilités aux radiations ». Comme nous vivons dans un champ d'énergies magnétiques et électriques provenant de la terre et du ciel, différentes techniques, comme la géobiologie, nous aident à neutraliser leurs influences nocives. En radiesthésie, cela concerne certaines radiations qu'émettent différents corps. Lorsque je pratique la radiesthésie, j'utilise pour mes recherches et interventions différents outils, comme un pendule et une antenne de Lecher.

S

Synchronicité

Développé par le psychiatre Carl Gustav Jung, le principe de synchronicité est l'apparition simultanée d'au moins deux événements qui ne présentent pas initialement de lien de causalité mais qui, associés, prennent un sens pour la personne qui les perçoit. Par exemple, vous recherchez une réponse ou un conseil et vous tombez par simple coïncidence sur une conversation, un encart publicitaire ou encore une chanson qui vous l'apporte. Nous vivons ces expériences conscientes le jour, via la synchronicité, et inconscientes la nuit, grâce au rêve. Les deux peuvent nous être très utiles et nous confirment que nous sommes tous bel et bien connectés.

T

Taux vibratoire

Le taux vibratoire est lié à l'énergie. Chaque être vivant possède une fréquence de vibration énergétique qui est constituée par un nombre d'oscillations, sur une unité de temps donnée. On peut mesurer un taux vibratoire en comptant le nombre d'oscillations par seconde. Le taux vibratoire d'une personne dépend de son niveau de conscience, de son niveau énergétique (de la lumière qu'elle dégage) mais aussi de son niveau spirituel. Plus les quatre plans de conscience (physique, mental, émotionnel et spirituel) sont purs, plus le niveau vibratoire est élevé. Plus notre taux vibratoire est haut, mieux nous nous protégeons des agressions énergétiques extérieures. Le taux vibratoire s'exprime en unités Bovis (du nom de son inventeur, Antoine Bovis, ingénieur et radiesthésiste). En radiesthésie, nous utilisons un biomètre de Bovis et un pendule pour le calculer.

V

Vibration

La vibration est le mouvement de l'énergie. Chaque être vivant dégage une énergie particulière et possède une fréquence de vibration énergétique. Pour calculer la vibration d'une personne, d'un animal, d'une pierre ou d'un lieu, on utilise un pendule et un biomètre de Bovis (voir « Taux vibratoire », ci-dessus).

Voyant
La capacité psychique de « vision claire » est de voir des images très précises (formes, couleurs, mouvements) dans le passé, le présent et l'avenir. Le clairvoyant peut également être en contact visuel avec des défunts pour communiquer avec eux. La plupart des personnes clairvoyantes se rappellent très précisément leurs rêves et font régulièrement des songes prémonitoires. Je vous rappelle que nous ne naissons pas tous égaux. Certains devront expérimenter et pratiquer davantage pour développer leur clairvoyance.

Les 7 magnétismes

Afin d'éclairer vos premiers pas dans votre relation encore mystérieuse avec le magnétisme, il est important de distinguer sept formes différentes de magnétisme. J'évoque ci-dessous les magnétismes qui ont le plus souvent croisé mon chemin. Les interprétations et noms employés sont parfois très personnels et contradictoires. Leur point commun est la notion d'énergie qu'ils dégagent, chacun de façon particulière. Cette liste est informative, non exhaustive, et n'est pas à prendre au pied de la lettre.

• Le magnétisme physique

Appelé aussi **magnétisme minéral, universel ou naturel,** ce magnétisme est d'ordre scientifique, quantifiable et mesurable. Nous le rencontrons sur les bancs de l'école en cours de physique, c'est celui des atomes et des électrons. Même les êtres les plus cartésiens peuvent expérimenter, ressentir et vérifier les effets immédiats de ce magnétisme. Sa force est celle de l'électricité que dégagent deux aimants lorsqu'on les rapproche. Force fondamentale de la nature, il fut découvert il y a plus de 2000 ans.

◆ Le magnétisme humain

Nommé également **magnétisme animal, naturel, vital, curatif, guérisseur, médical ou encore fluide éthérique**, ce magnétisme instinctif est pratiqué entre les êtres vivants, en présentiel ou à distance. À chaque seconde de sa vie, chaque être vibre positivement ou négativement. Il peut transmettre ses énergies, de manière consciente ou non, à un autre être vivant (plante, animal, être humain). Lorsqu'on utilise le magnétisme humain consciemment, on transfère sa propre énergie magnétique, qui se caractérise la plupart du temps par de la chaleur dans les mains. Ce magnétisme peut être développé par tous. Nul besoin de talent, de croyance ou de pouvoir particulier pour y arriver. Seules la patience et l'expérience vous seront nécessaires pour développer votre propre énergie magnétique.

◆ Le magnétisme mental

Parfois appelé **magnétisme cérébral ou suggestif**, ce magnétisme est exclusivement utilisé sous l'influence de l'être humain. Lorsque notre esprit est focalisé et concentré sur une pensée, comme lorsqu'il est sous hypnose, il produit du magnétisme mental. Libre à chacun de l'utiliser dans un but positif ou négatif. Comme ce type de magnétisme augmente les effets du magnétisme humain, nous l'aborderons plus tard en soulignant l'importance des intentions positives. Le magnétisme mental n'a aucune limite de temps, ni de distance. Il est pratiqué consciemment ou non, par tous.

• Le magnétisme spirituel

Qualifié aussi de **magnétisme religieux, lumineux, ou encore de fluide ou d'énergie céleste**, le magnétisme spirituel est relié aux croyances religieuses, holistiques ou spirituelles. Les magnétiseurs spirituels utilisent leur canal et le lien qu'ils entretiennent avec une volonté divine (Dieu, la source ou les êtres de lumière, les anges guérisseurs…). Ils augmentent leur puissance grâce à des prières, des mantras ou des incantations. Ce magnétisme peut être exploité et développé pour servir aussi bien l'ombre que la lumière. Il est la proie de nombreuses sectes et gourous qui abusent de la crédulité des novices. Si le magnétisme spirituel vous attire plus que les autres, je vous invite à redoubler de vigilance. Écoutez attentivement votre intuition et questionnez-vous régulièrement sur votre libre arbitre et les effets positifs concrets que vous souhaitez qu'il apporte dans votre vie. Vous attirerez alors à vous des magnétiseurs spirituels bienveillants, honnêtes et respectueux.

◆ Le magnétisme personnel

Appelé également **magnétisme naturel, énergie vitale ou magnétique**, certains magnétiseurs le distinguent du magnétisme humain. Selon eux, ce magnétisme viendrait particulièrement de **l'énergie produite par nos organes** (foie, poumon, rate, estomac...). La puissance serait encore plus intense et la régénération du magnétisme personnel plus longue. Pour les personnes qui croient et pratiquent cette forme de magnétisme, la distinction entre le magnétisme humain et le magnétisme personnel est très claire. L'un est holistique, large, et émane de tout le corps ; l'autre ne vient que de certains organes. La régénération des organes est plus longue que celle du corps dans son ensemble.

◆ Le magnétisme du cœur

Magnétisme cardiaque ou cœur de l'âme, ce magnétisme m'a été expliqué comme une technique énergétique développant la densité du cœur de notre âme. Pour le développer, il est primordial de croire en la réincarnation et au fait que notre corps physique (et nos corps subtils) n'est que le véhicule choisi par notre âme et notre cœur. L'énergie de ce magnétisme émane du cœur et diffuse une puissante énergie lumineuse. Lorsqu'il travaille pour la lumière, je crois profondément que chaque magnétiseur accomplit un acte d'amour et de générosité émanant du cœur, qu'il utilise ou non le magnétisme cardiaque.

✦ Le magnétisme sexuel

Victor Hugo écrivait à Léonie Biard : « Tu es l'idée qui me gonfle le cœur, l'image délicate et lumineuse qui charme mes jours et qui trouble mes rêves, la beauté que je contemple dans la sphère idéale, l'émanation, le magnétisme, le sourire, le regard nécessaire à ma pensée et à ma vie. » Ce magnétisme, plus communément appelé **attraction sexuelle**, résulte de l'attirance et de l'énergie sexuelles dégagées par un être vivant (être humain ou animal) avant de fusionner et disparaître dans l'amour charnel. Décorrélée du mental et du corps émotionnel, notre énergie sexuelle est primitive et naturelle.

Attention aux abus et autres dérives de ce magnétisme ! Si vous désirez retrouver une activité sexuelle harmonieuse, je vous recommande en premier lieu de consulter un thérapeute professionnel spécialisé en sexologie.

Le magnétisme à travers l'Histoire

Comme dans toute relation, l'attirance s'accompagne toujours d'une irrésistible envie de tout connaître de l'autre pour mieux comprendre ce qui nous attire chez lui. D'où vient-il ? Qu'a-t-il vécu ? Quelles sont ses expériences passées ? Qu'a-t-il à nous apporter ? Quelles sont ses aspirations profondes ? Autant de réponses que je vais tenter de vous apporter en vous contant l'histoire du magnétisme.

Une pratique vieille de 4 000 ans

La plus ancienne trace connue de la technique d'imposition des mains nous emmène en Égypte, au XVIe siècle avant notre ère, sous le règne d'Amenhotep Ier. Elle provient d'un **papyrus médical**, découvert dans les ruines de Thèbes en 1873 par l'égyptologue et romancier prussien Georg Moritz Ebers. Preuve de l'utilisation du magnétisme humain en Égypte antique, on peut y lire : « Pose ta main sur lui pour calmer sa douleur et dis fortement que la douleur s'en aille. » À cette époque, les prêtres guérissaient et soulageaient les malades à l'aide d'un rituel d'onguents parfumés. Un rite sacré existait pour qu'ils transmettent leur fluide énergétique aux pharaons. Pour cela, ils imposaient leur main droite sur leur nuque. Cette imposition était renouvelée au fur et à mesure du règne du pharaon, comme pour le régénérer au fil des années.

Dans l'Antiquité, le célèbre médecin des gladiateurs **Claude Galien** et le médecin grec **Alexandre de Tralles** partageaient la croyance qu'« un fluide mystérieux et énergétique provoque l'élimination des principes morbides, calme, régularise et tonifie le corps ». Pour que le magnétisme soit le plus bénéfique possible, il était pour eux indispensable que le praticien possède une forte volonté, l'intime conviction des bienfaits de son action, et que le patient soit dans un sentiment de grande confiance. Ces conditions sont d'ailleurs toujours nécessaires aujourd'hui pour tout magnétiseur.

Toutes les découvertes des historiens ont révélé que, **dans toutes les civilisations, le premier réflexe naturel a toujours été de poser les mains pour soulager le mal.** Jésus guérissait miraculeusement les lépreux, les paralysés et les aveugles en imposant ses mains. En Asie, principalement en Chine et au Japon, le magnétisme est un art ancestral qui fait partie intégrante de la médecine officielle.

L'ALLIÉE DES MAGNÉTISEURS DEPUIS LA GRÈCE ANTIQUE

Pierre d'abondance, d'attirance et de prospérité, la **magnétite** est un aimant naturel dont le nom provient de la ville de Magnésie, située au sud de la Macédoine, en Grèce. De nombreux textes de la Grèce antique la relient à l'imposition des mains. La petite histoire raconte que les Vikings, quant à eux, utilisaient la magnétite comme boussole lors de leurs traversées en drakkar.

Précieuse pour les magnétiseurs, la magnétite est une pierre d'ancrage qui favorise la régénération de l'énergie magnétique.

Elle protège les chakras et nous prémunit des énergies néfastes.

La magnétite est principalement utilisée en lithothérapie pour l'anémie (elle contient environ 75 % de fer), les maux de dos, les crampes et les problèmes de circulation sanguine. Cette pierre régularise la sensation de froid que l'on peut ressentir dans les extrémités (mains et pieds).

Je vous conseille d'en porter deux à la fois, une dans chaque poche, pour équilibrer idéalement vos énergies. En revanche, ne l'utilisez en aucun cas si vous portez des prothèses métalliques et/ou un pacemaker artificiel.

Du Moyen Âge au siècle des Lumières

Au Moyen Âge, et jusqu'à Louis XV, les rois de France et d'Angleterre devaient démontrer au peuple leur « pouvoir divin » avant leur intronisation. À l'ombre d'un grand chêne, ils imposaient leurs mains sur les « écrouelles » des malades (des abcès des ganglions lymphatiques du cou d'origine tuberculeuse) en disant : « Le roi te touche, que Dieu te guérisse. » Cette tradition remonte à Clovis, qui fut le premier à cicatriser les écrouelles de Lancinet, l'un de ses camarades d'armes.

Au XVIe siècle, on considérait le magnétisme comme une force appelée « esprit vital ». Pendant deux siècles, sa pratique resta assez secrète, même si l'on sait que le magnétisme était utilisé aussi bien par la noblesse que dans les campagnes reculées, dans un but expérimental ou de guérison.

DU CÉLÈBRE BAQUET MAGNÉTIQUE À L'ENFER À CONVULSIONS

En 1779, chassé d'Autriche par ses détracteurs, le docteur **Mesmer** doit immigrer en France. C'est dans le célèbre hôtel Bouillon, dans le 6e arrondissement de Paris, qu'il traite les maladies des aristocrates dans des baquets. En effet, Mesmer baignait jusqu'à 20 patients dans un grand tonneau en bois de chêne rempli de bouteilles d'eau magnétisée, de limaille de fer et de pointes magnétiques, afin qu'ils reçoivent le fluide magnétique. Avant de rentrer dans le baquet, il passait une corde autour de chacun de leur corps qui les liait tous, les uns aux autres.

Toute la cour du roi Louis XVI se pressait pour bénéficier des traitements collectifs de Mesmer. Plus tard, il fut même invité personnellement à plusieurs reprises par la reine Marie-Antoinette. Franz Anton Mesmer devint rapidement une immense célébrité de l'époque.

Mais la gloire fut de courte durée… La majorité des participants aux baquets faisaient des crises de nerf. Pris d'une intense toux, ils se mettaient à cracher, ressentaient des douleurs, convulsaient et devenaient parfois très agressifs. Mesmer voyait ces crises comme un signe positif. Pourtant, l'un de ses élèves, le marquis Armand Chastenet de Puységur, nommait les salles des baquets « l'enfer à convulsions ». Une petite chambre capitonnée était même nécessaire comme sas de décompression afin de calmer les effets secondaires des patients.

N'étant pas convaincu par les expériences de Mesmer, le roi Louis XVI ordonna la création d'une commission pour se prononcer sur ces dernières. Le rapport final fut dévastateur pour le docteur, qui repartit pour Vienne en 1785. Il décéda en 1815 près du lac de Constance, en Allemagne.

L'arrivée du magnétisme contemporain universel

• Mesmer, pionnier du magnétisme

Au XVIIIe siècle, selon certains auteurs, Dame Attamondi de Padoue, célèbre magnétiseuse, reçoit des personnes du monde entier en Italie. Mais c'est surtout un illustre personnage scientifique, le médecin allemand Franz Anton Mesmer (voir page ci-contre), qui met en lumière la pratique du magnétisme. Dans la thèse qu'il soutient à Vienne, *L'Influence des planètes sur le corps*, Franz Anton Mesmer montre qu'un fluide invisible, comme celui des aimants, nous relie à l'Univers. Il découvre **la magnétothérapie** (le magnétisme physique), qu'il nomme « le magnétisme universel ».

En 1771, il s'intéresse au pouvoir magnétique des aimants pour traiter certaines maladies – Wolfgang Amadeus Mozart, qui fut l'un de ses patients, fait d'ailleurs référence au docteur allemand dans son opéra *Cosi fan tutte*.

Si ses théories sont exportées en Europe et outre-Atlantique, c'est seulement au début du XXe siècle, en Russie, que des scientifiques mettront en exergue leurs réels effets.

En poursuivant ses recherches, Franz Anton Mesmer se rend à l'évidence : il obtient des résultats similaires en utilisant ses mains. Il se tourne donc vers le magnétisme humain (animal, vital, curatif) des êtres vivants qu'il magnétise.

On doit deux choses à Franz Anton Mesmer. Il a tout d'abord joué un rôle prépondérant dans la **découverte de l'hypnose**. En effet, son confrère James Braid, chirurgien écossais, s'est fortement inspiré du fluide magnétique qu'il employait. Grâce à lui, il mit au point des suggestions verbales entraînant un état de transe hypnotique. Le docteur allemand a également laissé sa trace dans la langue anglaise. Le verbe *to mesmerize*, que l'on peut traduire par « fasciner » ou « hypnotiser », est employé aujourd'hui couramment.

• Les recherches du professeur Yves Rocard

Père du politicien Michel Rocard, le professeur Yves Rocard, décédé en 1992, était un célèbre physicien, mathématicien et radiesthésiste. Directeur du laboratoire de physique de l'École normale supérieure de Paris pendant presque 30 ans, il a mené différents travaux sur le magnétisme. Il en a conclu que **la force magnétique était issue des cristaux d'aimant dont est composée la pierre magnétite.** Selon lui, la force magnétique serait également présente dans sept endroits du corps humain (nuque, sourcils, coudes, lombaires, genoux, talons et orteils). Ses recherches, déstabilisantes pour le milieu scientifique auquel il appartenait, n'ont malheureusement jamais pu être officialisées.

Le magnétisme aujourd'hui

Le Conseil national de l'ordre des médecins français ne reconnaît pas le magnétisme comme une méthode de guérison à part entière. En revanche, en Allemagne, en Suisse et en Italie, c'est le cas. Le magnétisme est exercé en milieu médical et les mutuelles complémentaires remboursent une partie de la consultation au patient. Sur le continent nord-américain (Canada et États-Unis), une loi devrait prochainement encadrer la pratique du magnétisme.

En France, en attendant la reconnaissance du magnétisme, vous pouvez vous adresser à trois regroupements : le Syndicat national des magnétiseurs et praticiens des méthodes naturelles et traditionnelles (SNAMAP), la Fédération internationale du magnétisme et des énergéticiens Canada-France (FIMECF) et le Groupement national pour l'organisation des médecines alternatives (GNOMA).

EN RÉSUMÉ

En magnétisme, les mains transmettent de l'énergie magnétique pour prévenir les maladies et stopper leur développement. Le fluide énergétique rétablit l'harmonie dynamique de notre corps (l'homéostasie).

Le magnétisme peut se révéler en chacun de nous et se développer à tout âge. Nous en sommes tous dotés mais ne naissons pas tous égaux. Certains devront davantage l'expérimenter et le pratiquer pour bien le développer et amplifier son effet.

Il existe sept magnétismes différents : physique, humain, mental, spirituel, personnel, cardiaque et sexuel.

La technique d'imposition des mains est apparue pour la première fois en Égypte au XVIe siècle avant notre ère. Il s'agit d'une pratique vieille de 4 000 ans !

En 1771, le docteur Franz Anton Mesmer découvre le pouvoir magnétique des aimants pour traiter certaines maladies. Il devient le père du magnétisme contemporain universel.

La magnétite est la pierre des magnétiseurs. Elle ancre, apporte de l'abondance et de la prospérité.

En France, le magnétisme n'est pas encore reconnu. En revanche, c'est le cas en Allemagne, en Suisse et en Italie.

LA RENCONTRE

Riche de vos connaissances théoriques sur le magnétisme, le temps de la rencontre est venu. Passez à la pratique avec vos mains en sortant de votre tête où les fantasmes se mêlent à l'imagination. Lancez-vous, expérimentez, développez, surprenez-vous et échouez ! C'est de là que naîtra votre plus belle rencontre avec le magnétisme. Vous découvrirez dans cette partie comment tester et développer votre pouvoir magnétique et vos prédispositions sensorielles.

Comment tester mon pouvoir magnétique ?

8 jeux de mains pour vous tester

Comme vous l'avez découvert dans la première partie, le magnétisme humain est pratiqué entre les êtres vivants. Il nous concerne tous : les hommes, les femmes, les enfants, mais aussi les végétaux, les minéraux et les animaux. Pour tester le degré de votre pouvoir magnétique personnel, je vous propose **8 jeux de mains**.

Avant de vous lancer, sachez que vous n'obtiendrez pas toujours les mêmes résultats. Pour certains, le ressenti sera clair et fort. D'autres n'y trouveront aucun intérêt immédiat et ne ressentiront peut-être rien du tout. Soyez patient ! Rappelez-vous que nous ne naissons pas tous égaux face au magnétisme : certains auront davantage besoin de s'exercer et d'expérimenter que d'autres. Même si votre don se fait très discret, grâce au travail et à l'expérience, vous pourrez égaler, voire dépasser, des personnes qui n'utilisent absolument pas leur don, pourtant naturellement présent !
Pour chaque jeu de mains, restez dans un état d'esprit d'ouverture. Adoptez une attitude positive, en total lâcher-prise. Ayez pour seule certitude que l'énergie nous habite tous et que votre fluide énergétique peut apporter du bien. N'attendez rien, laissez-vous aller et saisir par la subtilité de votre pouvoir magnétique ! Je vous souhaite une merveilleuse et surprenante rencontre.

JEU DE MAINS N° 1 - Ma boule d'énergie

Vous rencontrerez également cet exercice sous les noms suivants : ballon ou cercle de lumière, l'effet ballon (ou ressort) ou encore la boule de soleil (ou psyball).

Fermez les yeux. Frottez énergiquement vos mains pendant 15 secondes et placez-les directement, paumes ouvertes, l'une en face de l'autre en laissant un léger espace entre elles. Gardez une position naturelle et souple : ne tendez pas vos doigts et ne forcez pas non plus sur vos poignets.

Portez votre attention sur ce qu'il se passe dans le creux de vos mains et dans vos doigts. Que ressentez-vous ? Des picotements, de la chaleur ou, au contraire, du froid ? De la légèreté ou de la lourdeur ? Des vibrations ou bien une sensation gluante comme le chewing-gum ? De l'électricité, une forte résistance ou, au contraire, une attraction semblable à celle d'un aimant ?

Comme il s'agit de votre énergie personnelle, il n'y a aucun mauvais ressenti : tout sera parfaitement juste et adéquat. Pendant des années, j'ai cultivé mon esprit cartésien et me suis littéralement coupée de mon ressenti. Lorsque je me suis à nouveau ouverte à lui, j'ai eu des sensations extrêmement fortes. J'ai ressenti comme des décharges électriques, une très forte chaleur digne d'une brûlure au deuxième degré, et la sensation que l'on me rentrait de longues aiguilles à tricoter dans les mains. J'étais au sein d'un groupe lorsque c'est arrivé. Étant la seule à ressentir ces effets, que je considérais comme négatifs à l'époque, j'ai pris peur. Et je n'ai plus rien ressenti. Jusqu'au jour où j'ai totalement lâché mon mental. Je ne suis pas extraordinaire ! Si je l'ai vécu, vous pouvez également le vivre, le ressentir et créer votre boule d'énergie.

Pour la créer, écartez vos mains petit à petit, en essayant de préserver le lien que vous ressentez entre elles. Jouez subtilement avec ce ressenti en les éloignant, puis en les rapprochant, et ainsi de suite. Visualisez une boule d'énergie dense et lumineuse qui grandit et grossit au fur et à mesure de vos mouvements.

Si vous ne ressentez plus rien du tout, pas de panique ! Lâchez votre mental, frottez à nouveau vos mains, puis retentez l'expérience.

JEU DE MAINS N° 2 - L'échange simple d'énergie
Ce jeu de mains doit être réalisé à deux car vous devrez serrer la main de quelqu'un.

Comme nous l'avons vu précédemment, nous rayonnons, transmettons et emmagasinons inconsciemment de l'énergie. On dit souvent que la première impression d'une personne est déterminante. C'est notamment dû à **l'énergie magnétique** qu'elle dégage.

Tout commence par une simple poignée de main. Avant de serrer la main de votre ami, mettez-vous en condition : vous allez transmettre de l'énergie et la sentir passer à travers votre main. Lorsque vos mains se serrent, visualisez le flot d'énergie qui passe dans votre paume et dans vos doigts.

Comme pour le premier exercice, notez vos ressentis et les sensations qui vous traversent.

Maintenant, inversez les rôles : focalisez-vous sur l'idée que vous accueillez l'énergie de l'autre personne lorsque vous vous serrez la main. Que recevez-vous ? Que ressentez-vous ? Écrivez les mots qui vous viennent à l'esprit. Au besoin, réitérez l'expérience pour affiner votre ressenti.

Si vous sentez que la personne qui vous serre la main agit comme un aspirateur avec votre énergie, comme si, à travers cette poignée de main, elle faisait diminuer votre réservoir personnel ou, *a contrario,* si c'est vous qui prenez et emmagasinez son énergie, c'est signe que vous êtes particulièrement sensible. Tant que vous gardez de bonnes intentions et que vous restez connecté à votre intuition, cela sera un atout. Soyez très à l'écoute de votre petite voix intérieure. Elle vous informera si vous dépassez vos limites personnelles en pompant de l'énergie aux autres ou inversement ! La plupart du temps, l'un ne va pas sans l'autre ! Il n'y a que notre ego qui nous pousse à nous voir seulement comme « vampire » ou « victime ».

JEU DE MAINS N° 3 - Le magnétisme « fruité »

Ce jeu de mains se réalise généralement avec un agrume (orange, pamplemousse, citron).

Vous pourrez utiliser un fruit plus fragile et délicat comme une pêche ou un abricot lors de vos prochains essais. Plus le fruit que vous choisissez est périssable, plus son magnétisme sera périlleux.

Choisissez deux fruits du même calibre et de fraîcheur identique. Le premier servira de témoin et ne recevra pas de magnétisme. Éloignez-le du second.

Prenez le second fruit au creux d'une de vos mains et placez votre seconde main au-dessus. Visualisez pendant 7 minutes minimum que vous lui envoyez un puissant flux d'énergie lumineux pour le renforcer. Ce flux peut se matérialiser dans votre esprit par une lumière dorée très brillante, une fumée blanche immaculée ou encore un fluide particulièrement lumineux. Laissez aller instinctivement l'expression de votre pouvoir magnétique lorsque vous le faites pénétrer dans la chair du fruit.

Conservez votre duo fruité dans un endroit sec, à température ambiante, sans le recouvrir. Réalisez cette expérience sur votre fruit magnétisé au moins deux fois par jour, une fois le matin et une fois le soir, pendant 7 jours. Vous constaterez que le magnétisme aura un effet stérilisant qui va déshydrater plus rapidement le fruit magnétisé. Il perdra en densité, deviendra dur, vide et sec mais ne pourrira pas.

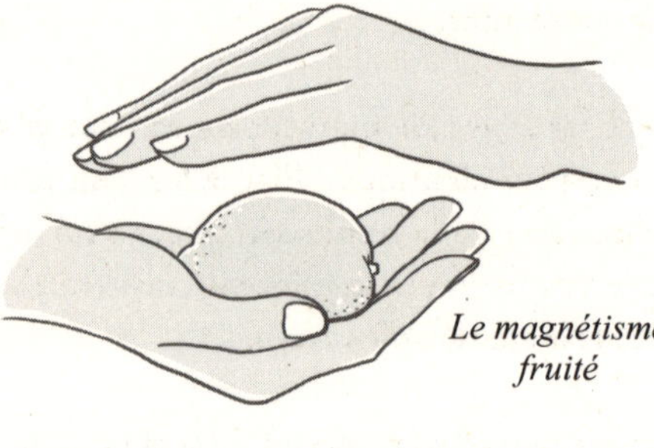

Le magnétisme fruité

JEU DE MAINS N° 4 - La momification de l'œuf, de la viande ou du poisson

Pour réaliser ce jeu de mains, suivez le même procédé que pour le fruit. Vous remplacerez le fruit à magnétiser par un œuf (à magnétiser à travers sa coquille) ou une pièce de 100 g de poisson ou de viande (de préférence du bœuf). N'oubliez pas la seconde pièce témoin !

Après 5 minutes environ de magnétisme sur chaque face de viande, deux fois par jour, pendant environ 7 jours (10 jours pour l'œuf), vous constaterez l'effet durcissant de votre magnétism, qui transformera les protéines animales en un véritable morceau de bois ! Pour le poisson, comme son temps de conservation est moindre, laissez-le au réfrigérateur. Ne le sortez que pour le magnétiser. Il se déshydratera tranquillement, au frais !

Pour celles et ceux qui sont assez sensibles aux odeurs, croyez-moi, il est préférable de passer votre chemin !

JEU DE MAINS N° 5 - La main verte

Vous pouvez tester votre pouvoir magnétique sur la croissance de vos plantes.

Pour réaliser ce jeu de mains, prenez deux plantes de gabarit et espèce identiques. Placez-les dans des pots de même taille avec de la terre strictement similaire. Vous les arroserez aussi avec la même quantité d'eau et leur donnerez le même ensoleillement.

La première plante vous servira de témoin et la seconde à magnétiser, comme ce que vous aurez fait pour le fruit, l'œuf, le poisson et/ou la viande. Pour magnétiser votre plante, il vous suffit de placer vos mains autour d'elle et de lui partager votre énergie lumineuse pendant 10 minutes par jour.

Au bout de quelques jours, vous devriez constater un renforcement des pigments de la chlorophylle et de plus jolies fleurs sur la plante magnétisée. Après 3 semaines environ, vous pourriez également constater une pousse de quelques centimètres.

Un autre test consiste à magnétiser des graines (biologiques, non stérilisées, sans pesticides ni OGM) pour comparer l'effet sur leur germination. Je vous recommande de placer vos graines sur deux morceaux de coton humide. Vous les réhumidifierez tous les 3-4 jours si besoin. Comme pour les plantes, placez vos mains au-dessus de l'une des graines pendant 10 minutes par jour. Vous devriez constater une différente de croissance au bout d'une semaine.

JEU DE MAINS N° 6 - L'eau au goût de fer
Pour donner un goût ferreux à de l'eau (le symbole de sa magnétisation), il vous suffit de prendre deux verres identiques et totalement transparents. Remplissez-les d'eau provenant de la même source. Sur le même principe que les précédentes expériences, un des deux verres sera le verre témoin et l'autre sera magnétisé.

Placez vos mains au-dessus de l'eau à magnétiser pendant 10 minutes, en adoptant une intention thérapeutique (vous pouvez par exemple répéter : « J'envoie un puissant et lumineux flux d'énergie »), deux fois par jour, pendant 3 jours.

Lorsque vous boirez l'eau, commencez par l'eau du verre témoin, puis buvez l'eau magnétisée.

Si vous n'avez pas un sens du goût très développé, faites goûter votre test à une autre personne. Mais ne l'influencez pas sur un potentiel goût de fer !

JEU DE MAINS N° 7 - L'expérience du petit moteur de Tromelin

Pour faire cette expérience, il vous faudra une petite feuille de papier d'aluminium et une aiguille que vous planterez dans un bouchon de liège ou dans une petite boîte en carton munie d'un couvercle.

Pliez l'aluminium pour former un chapeau ou une hélice, de telle sorte qu'il tienne en équilibre sur l'aiguille. Si vous soufflez, l'hélice bougera légèrement de façon mécanique mais n'effectuera pas de tour complet comme lorsque vous la magnétiserez. Pour ne pas parasiter votre expérience, je vous conseille de protéger votre nez.

Placez vos deux mains de chaque côté de l'hélice sans la toucher. Fixez-la en essayant de ne pas trop cligner des yeux. Focalisez votre pensée sur la rotation continue que l'hélice va effectuer.

Admirez le mouvement créé par votre pouvoir magnétique sans aucun contact physique !

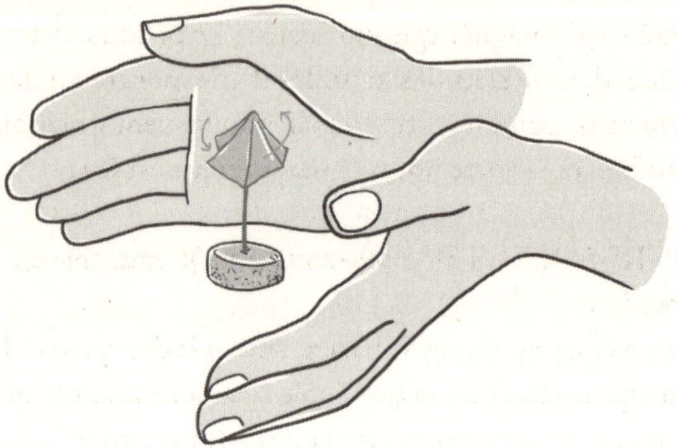

Le petit moteur de Tromelin

JEU DE MAINS N° 8 - Le pendule

Vous pouvez aussi tester votre pouvoir magnétique à l'aide d'un pendule. Pour cela, il vous suffit de vous munir d'un petit pendule avec une chaînette. Si vous n'en possédez pas, vous pouvez utiliser une bague pendue à l'un de vos cheveux. Cela fonctionne très bien même si c'est beaucoup moins pratique !

Il est impératif que vous soyez calme et serein pour réaliser ce jeu de mains. Prenez le pendule au bout de la chaînette avec votre main droite (ce sera la même chose pour les gauchers). Restez le coude plié, le bras détendu, décollé du corps. Évitez au maximum de bouger votre main, cela influencerait mécaniquement le mouvement du pendule. Puis, placez votre main gauche en face de votre tempe gauche, sans la toucher. Ayez l'intention de faire passer votre énergie magnétique lumineuse. Le pendule devrait tourner, dans le sens des aiguilles d'une montre ou dans l'autre sens, peu importe. Plus le mouvement circulaire est visible, plus votre pouvoir magnétique est fort.

VOS RÉSULTATS - Êtes-vous plutôt eau, terre ou feu ?

Certains magnétiseurs se basent sur trois des quatre éléments naturels, l'eau, la terre et le feu, pour avancer que, si notre pouvoir magnétique est plus efficace pour l'un de ces éléments, il le sera également pour soulager les affections correspondantes.

Par exemple, si vous avez particulièrement réussi à magnétiser :

- **de l'eau :** votre pouvoir s'exprimera plus sur la rétention d'eau, les infections urinaires et les troubles circulatoires ;

- **des plantes, des graines et/ou des fruits :** votre magnétisme agira plus fortement sur l'élément terre, relié aux problèmes digestifs et au foie ;

- **des protéines animales (œuf, poisson, viande) :** votre magnétisme sera plus efficace sur l'élément feu. Vous agirez naturellement davantage sur les brûlures et toutes les maladies du système tégumentaire.

Développez votre sensorialité

Même si nous n'avons généralement pas de contact direct avec ce que nous magnétisons, il est intéressant d'étendre au maximum vos capacités à sentir et ressentir en développant votre sens du toucher. Pour cela, voici mes **5 conseils.**

1. De nos jours, la vue est le sens le plus stimulé. Cette surstimulation est un frein important au développement de nos autres sens. Pour retrouver et exploiter idéalement le sens du toucher, **fermez les yeux pour « voir » avec vos mains** et ressentir avec la pulpe de vos doigts. Vous découvrirez ainsi une multiplicité de sensations selon les matières se présentant à vous : rigide, souple, dure, molle, lourde, légère, chaude, froide, douce, piquante... Exercez-vous avec tout ce qui vous tombe sous la main !

2. **Ressentez les pôles positif et négatif d'une pile électrique.** Pour cela, placez l'une de vos paumes de mains totalement détendue face au positif. Puis faites la même chose devant la face négative. Pour comparer, réalisez la même chose avec votre seconde main.

3. **Soyez créatif** en utilisant vos mains ! Faites appel à la partie droite de votre cerveau, siège de l'imagination, des émotions et de l'intuition. Pâtisserie, cuisine, jardinage, sculpture, peinture..., toute activité nécessitant

une habileté manuelle développera votre sens du toucher. Nul besoin d'avoir le coup de crayon de Picasso ou de Jean-Paul Gaultier, l'important ici est de s'exercer en dépassant ses limites personnelles.

4. **Faites-vous masser !** Au-delà du bien-être physique que cela procure, nous avons tous et toutes besoin d'être touchés pour exister et être reconnus. Si vous ne pouvez pas vous rendre régulièrement au spa ou en institut, organisez des séances de massage avec votre partenaire, vos enfants, ou pratiquez l'**automassage**.

5. **Prenez soin de votre peau.** Une peau lisse et douce sera plus sensible. Pour son exfoliation, utilisez des gommages adaptés à votre type de peau (grasse, sèche...) et à son état (sensible, déshydratée...). N'oubliez pas, ensuite, de bien l'hydrater (avec une lotion aqueuse) mais aussi de la nourrir (avec de l'huile ou du beurre de karité).

Halte aux croyances limitantes et aux fausses idées sur le magnétisme !

Quelques clics sur Internet suffisent pour découvrir une multitude de croyances limitantes et de fausses idées sur le magnétisme. Certaines d'entre elles sont même partagées par des professionnels et se répandent comme une traînée de poudre ! Je vous propose donc de mettre un bon coup de balai sur **5 idées reçues** populaires sur le magnétisme avant de vous lancer !

IDÉE REÇUE N° 1
Il faut être doté d'un pouvoir ou d'un don exceptionnel pour magnétiser

Faux ! J'entends et lis très régulièrement que les magnétiseurs sont des êtres extraordinaires, exceptionnels, voire supérieurs. Pour certains fatalistes, on possède un don ou on ne l'a pas du tout. Eh bien non ! Cette croyance est limitante et absolument fausse ! **Nous naissons tous avec des dons et des facilités, mais nous ne sommes tout simplement pas égaux face à eux.**

J'aime comparer le magnétisme au chant. On peut, comme moi, chanter juste, sans pour autant avoir une voix exceptionnelle, tandis que certains seront dotés naturellement d'une voix cristalline, pure et puissante dès leur plus jeune âge. Si ces derniers ne l'exploitent pas et ne s'entraînent pas, ils la garderont intacte et parfois même pourront régresser. Leur don ne se métamorphosera pas en un talent. En revanche, si les personnes avec moins de capacités prennent des cours, s'exercent régulièrement et explorent avec joie le pouvoir de leurs cordes vocales, elles peuvent devenir bien plus talentueuses !

En magnétisme, comme pour tout autre don, il n'y a pas d'élu doté d'un pouvoir inaccessible ou d'être exceptionnel devant qui se prosterner ! J'ai à cœur de dire que nous sommes des êtres extraordinairement ordinaires. Nous nous sommes tous et toutes incarnés pour évoluer sur tous les plans de notre vie (personnel, spirituel, professionnel...) avec des chemins et des missions parfois très différents.

IDÉE REÇUE N° 2
Quand on magnétise, on ne peut faire que du bien

Faux ! Malgré notre bonne volonté et toutes les meilleures intentions du monde, nous ne pouvons surpasser une condition humaine, parfaitement imparfaite. **Notre canal ne peut donc pas constamment transmettre du magnétisme positif, thérapeutique et curatif.**

L'arrivée d'une pensée négative, un état de fatigue ou un manque d'ancrage peuvent faire dévier notre canalisation en une fraction de seconde.

La pensée a un impact fort quand on magnétise. Imaginez celle d'une personne malveillante désirant utiliser son pouvoir magnétique personnel intentionnellement dans un but néfaste. Ou bien pensez à un magnétiseur qui valide la première idée reçue et se croit infaillible, tout-puissant ? Travailler avec les énergies n'est vraiment pas anodin. Il est important d'en être conscient. Vous le découvrirez plus amplement dans les prochains chapitres.

IDÉE REÇUE N° 3
Le magnétisme n'a aucune limite et peut tout guérir, tout soigner

Faux ! Au moins partiellement, car ce n'est pas le magnétisme qui a des limites, mais sa pratique et ses pratiquants. Lorsqu'on juge que le magnétisme ne procure pas l'effet escompté, il est primordial de remettre immédiatement en question la responsabilité, la posture et l'intérêt du magnétiseur et du receveur. **Le magnétisme n'a rien d'une potion magique** qui éliminerait en un claquement de doigts une tumeur ou supprimerait la douleur chronique d'une personne ! Il ne remplace pas les traitements médicaux, c'est un complément.

En magnétisme, 50 % du travail est réalisé en séance. L'autre moitié du travail est effectuée par le receveur avec la méthode d'introspection de son choix (coaching, psychologie...) qui lui permettra de comprendre et de dépasser la cause de son mal.

De plus, je vous rappelle que grâce au magnétisme, nous pouvons prévenir les maladies, accompagner leur gestion ou même stopper leur développement.

RAPPEL

En revanche, nous ne guérissons pas. En aucun cas nous ne sommes habilités à utiliser les termes des professionnels de la santé (soin, guérison...). N'oubliez pas que vous ne devez jamais arrêter ou conseiller d'arrêter un traitement. Le magnétisme ne se substitue pas aux recommandations, soins et traitements médicaux prescrits par un professionnel de santé titulaire d'un diplôme de docteur en médecine.

IDÉE REÇUE N° 4
Quand on magnétise, on est dans un espace sécurisé et protégé. La tenue, l'ambiance et la personnalité du magnétiseur y participent pleinement

Faux ! Vous trouvez cela un peu trop grossier ? Et pourtant, ces deux phrases ont été partagées par un magnétiseur dit professionnel. Cette idée reçue est en réalité doublement fausse.

Comme nous l'avons abordé lors de la deuxième idée reçue (voir p. 77), **nous ne pouvons pas exercer le magnétisme exclusivement de manière bienveillante et positive.** En conséquence, l'espace où se déroule le magnétisme ne peut être totalement sécurisé et protégé. C'est pourquoi, je vous livrerai dans le prochain chapitre quelques précautions à prendre.

Même si je crois profondément à l'effet des couleurs, de l'atmosphère et de la posture professionnelle d'un thérapeute, je ne pense pas que ces éléments soient essentiels à la réussite d'une séance de magnétisme. Mieux vaut accorder sa confiance à un magnétiseur portant moins d'importance à son look et à son image qu'à une personne qui répond de manière nébuleuse à vos interrogations et ne peut vous rassurer dans l'exercice de sa pratique !

IDÉE REÇUE N° 5
Une seule séance de magnétisme suffit pour régler chaque problématique

Faux ! Au moins en partie, car parfois, une seule et unique séance peut suffire pour régler un problème. Mais cette probabilité est assez rare et la moyenne se situe plutôt autour de quatre rendez-vous.

Si on vous promet un « miracle » au bout d'une seule séance pour une somme très conséquente ou que l'on vous annonce un suivi obligatoire de 7 séances sans même vous avoir rencontré, fuyez ! Il est honnêtement impossible de conseiller la même récurrence à chaque personne, à part s'il s'agit d'un suivi mensuel ou trimestriel pour un maintien de l'équilibre énergétique.

Le magnétiseur doit s'adapter à votre fonctionnement, à vos ressentis et à votre évolution personnelle. Il n'y a donc aucune règle immuable sur la question !

EN RÉSUMÉ

Lorsque l'on teste son magnétisme, on n'obtient pas toujours les mêmes résultats. Patience et entraînement sont les maîtres mots de l'apprentissage. C'est par l'expérience que nos sens se développeront.

Les 8 jeux de mains proposés pour développer votre pouvoir magnétique sont : ma boule d'énergie, l'échange simple d'énergie, le magnétisme fruité, la momification de l'œuf, de la viande ou du poisson, la main verte, l'eau au goût de fer, l'expérience du petit moteur de Tromelin et le pendule.

Pour développer votre sens du toucher : fermez les yeux et entraînez-vous à « voir » avec vos mains, testez les pôles d'une pile électrique, soyez créatif avec vos mains, pensez au massage et à prendre soin de votre peau.

Les magnétiseurs n'ont pas de don exceptionnel, ne sont pas supérieurs et peuvent faire du bien autant que du mal ! Ils ont, comme leur pratique, des limites et certaines obligations.

LE CONTACT PHYSIQUE

Comment rentrer dans cette phase intime et profonde qu'est le premier contact physique avec le magnétisme ? Comment y trouver votre place et vous y épanouir ? Vous découvrirez dans cette partie toutes mes réponses pour pratiquer le magnétisme de façon sécurisée, seul ou sur une autre personne.

Développer et augmenter votre magnétisme

Ancrez-vous énergétiquement

Pour développer et augmenter efficacement votre magnétisme personnel, je vous recommande d'être ancré énergétiquement.

• L'ancrage, c'est quoi ?

Être ancré, enraciné, c'est :
- être rattaché et connecté à la terre ;
- vivre en conscience, dans le moment présent ;
- être en parfaite connexion avec les énergies cosmiques et telluriques ;
- avoir pleinement conscience d'être à sa place à chaque instant de sa vie.

Si, comme moi, vous croyez aux vies successives et aux incarnations, vous me rejoindrez sur l'idée que notre âme a un seul véhicule pour vivre, notre corps. Il est donc important de le protéger, de l'entretenir et de le préserver. Énergétiquement, l'ancrage aide à sortir du mental en descendant dans ses tripes afin de **prendre pleinement conscience de son corps et s'y sentir en sécurité**. Être enraciné, c'est aussi accepter son corps pour s'engager sereinement dans sa vie.

Une personne correctement ancrée dans la matière se tient naturellement debout, droite, fière et digne. Elle accepte la vie sans lui résister. Tel un arbre qui étend ses branches vers le ciel, elle garde une ouverture sur le monde, sans pour autant se perdre dans ses pensées car elle possède de profondes racines. Grâce à l'ancrage, nous nous métamorphosons en **un roseau agile** qui, en parfait équilibre face au vent, plie mais ne rompt jamais.

◆ Mes 10 conseils pour vous ancrer et maintenir votre équilibre dynamique

- profitez de la nature en vous baladant dans un parc ou en forêt ;
- pratiquez des activités sportives qui mettent en action vos pieds (marche, course, vélo…) en prenant le temps de bien vous étirer ;
- dansez, chantez, jouez ou écoutez de la musique ;
- prenez des cours de yoga, pilates, taï-chi, qi gong ou viêt vo dao ;
- marchez pieds nus dès que vous le pouvez en focalisant votre attention sur le contact de vos pieds avec le sol ;
- portez un vêtement, un accessoire ou une pierre de lithothérapie rouge ou marron (jaspe rouge, bois fossilisé, œil de taureau, stromatolithe…) ;
- massez votre plante de pied chaque matin pendant 7 jours avec une goutte d'huile essentielle pure biologique d'angélique archangélique (*Angelica archangelica*) ;
- cuisinez des produits qui poussent dans la terre (racine de konjac, de bardane ou de chicorée, pomme de terre, patate douce, carotte…) ;
- passez du temps avec les personnes et les animaux avec lesquels vous vous sentez bien ;
- faites-vous plaisir et riez sans modération !

En général, parvenir à correctement s'ancrer et s'enraciner prend du temps. Les premières fois, votre ancrage peut être fragile et vous devrez persévérer pour le développer, puis le renforcer. Je vous conseille de le pratiquer idéalement au quotidien et à chaque fois que vous en ressentirez le besoin.

MA MÉDITATION D'ENRACINEMENT

Asseyez-vous sur une chaise, sans vous y adosser ni croiser les jambes. Mettez vos pieds nus à plat sur le sol, et placez les paumes de vos mains sur vos cuisses.

Détendez-vous, fermez les yeux et portez votre attention sur votre souffle.

Puis, à votre rythme, faites descendre votre attention jusque dans votre ventre, vos hanches, vos jambes, et imaginez que de grandes et longues racines sortent de vos pieds. Elles s'enfoncent profondément dans le sol pour se rendre jusqu'au centre de la terre. Vous y puisez le plus possible d'énergie lumineuse avant de la faire remonter jusqu'au sommet de votre crâne.

Tout en restant bien enraciné, un fil sort de votre tête en dépassant les nuages pour aller de plus en plus haut dans l'Univers afin de s'y accrocher.
Ça y est, vous êtes ancré.
Quelles sont vos sensations ?
Que ressentez-vous ?

Soyez attentif aux émotions qui vous traversent. Matérialisez les plus positives par un point de lumière et ancrez-le profondément au niveau de votre cœur. Vos racines seront invisibles mais vous pourrez à tout moment vous connecter avec leur énergie grâce à ce point d'ancrage.

Reliez-vous à la nature

Une fois que vous vous sentez solidement ancré, vous pouvez développer et augmenter votre magnétisme à l'aide d'un **exercice** de reliance à la nature.

Organisez une sortie en pleine forêt, seul ou à plusieurs, dans le seul but de recharger vos énergies au maximum. Cela augmentera naturellement votre pouvoir magnétique. La science a récemment confirmé qu'être en contact avec les arbres pouvait avoir un effet bénéfique sur notre santé car cela modifie notre fréquence vibratoire.

Certaines personnes pensent par ailleurs que les arbres peuvent nous permettre, selon leur essence, de nous connecter à différentes qualités. Chaque arbre aurait ainsi une qualité, une vertu qui lui serait propre. Par exemple, le courage pour le noyer, la joie pour le cerisier, l'amour inconditionnel pour l'érable ou encore la sagesse pour le chêne.

Enfin, en complément de ces exercices pratiques, il est essentiel pour développer et augmenter votre magnétisme que vous ayez **une solide confiance en vous, un état d'esprit positif et un bon état de santé général** (mental, émotionnel et physique).

EXERCICE DE RELIANCE À LA NATURE

Pour réaliser cet exercice, choisissez idéalement une étendue de sapins ou de pins. Ces conifères apportent beaucoup de calme, de sérénité et de magnétisme.

Pour vous connecter à la force des arbres, qui font naturellement le lien entre la terre et le ciel, faites le vide à l'intérieur de vous. Fermez les yeux, restez droit, les pieds stables, et posez vos mains sur le tronc. Portez votre attention sur la ressource énergétique inépuisable qui vous est transmise.

Que ressentez-vous exactement en vous connectant à ce fluide énergétique ? Si vous en ressentez le besoin, vous pouvez réaliser cette expérience en enlaçant et entourant complètement l'arbre ou en vous adossant à lui.

Se soigner et guérir avant d'aider les autres

L'importance de l'automagnétisme

Pourquoi est-il primordial de pratiquer l'automagnétisme avant de magnétiser les êtres vivants qui vous entourent ? Comment bien aider les autres si l'on n'est pas capable de s'aider soi-même ? Comment leur apporter un soin particulier si nous ne sommes pas conscients de nos propres souffrances ?

Je crois profondément que l'évolution et la croissance personnelle du magnétiseur sont intimement liées à celles du magnétisé, car nous attirons inconsciemment les personnes qui sont sur la même vibration que nous.

Voici un **petit exercice** pour découvrir la personne qui doit prendre la première place dans votre vie, celle que vous devez chérir et chouchouter plus que tout. Pour cela, munissez-vous d'un miroir. Placez-le devant votre visage. Voilà la personne dont je vous parle : c'est **VOUS** ! Que vous ayez des enfants, un conjoint ou toute autre personne qui vous entoure et que vous aimez profondément, vous devez TOUJOURS passer en priorité. Je vous l'assure ! Cela n'est ni égoïste ni égocentrique. C'est simplement nécessaire, surtout pour pratiquer le magnétisme.

Lorsque nous pensons en premier lieu à nous-même, nous renforçons notre énergie personnelle pour mieux soutenir celle de notre environnement proche.

En effet, comment accompagner, écouter, conseiller et prendre soin de votre entourage si vous n'êtes pas en bonne santé vous-même et que vos besoins ne sont pas satisfaits ?

Après avoir comblé ces derniers, vous serez en pleine capacité de relation d'aide. Vous pourrez vous focaliser beaucoup plus facilement sur le receveur et votre apport en sera d'autant plus précieux et puissant ! À bien y réfléchir, il n'y a pas de hasard s'il est demandé, dans certains cursus, de suivre une psychanalyse pour valider son diplôme ou bien de mettre son gilet de sauvetage avant d'aider une autre personne ! Aider, c'est bien, mais pas à notre détriment !

Cependant, si vous sentez intérieurement que c'est le bon moment mais que vous éprouvez encore des difficultés à vous lancer dans le magnétisme, n'ayez crainte ! La loi d'attraction (voir p. 33) fera parfaitement son œuvre !

Aider n'est pas sauver

Lorsque l'on s'ouvre au développement personnel, on a souvent des prises de conscience tellement fortes que nous éprouvons le besoin de « convertir » tout le monde à notre « bonne parole » ! Il en est de même avec le magnétisme.

En tant qu'ex-« prêcheuse » du genre, je peux vous affirmer que les convertis sur le tard, comme moi, font partie des plus insistants en la matière !

Alors, même si vous souhaitez consciemment éclairer et aider votre entourage, faites attention à ne pas tomber dans le triangle des Bermudes de la psychologie. En analyse transactionnelle, on donne à ce triangle le nom de son créateur, **le triangle de Karpman.**

• Les mécanismes du triangle de Karpman

Vous pourrez le trouver sous des appellations différentes : triangle dramatique, codépendance, syndrome du sauveur ou du sauveteur. Toutes ces notions découlent des observations du docteur Stephen B. Karpman sur les comportements interrelationnels. Il décrit, en 1968, les trois rôles, encore bien actuels, qui composent ce triangle.

Concrètement, ce triangle met en évidence **un scénario relationnel classique entre une victime, un bourreau et/ou un sauveur.** Miroir de la manipulation malsaine de la communication entre deux personnes, il démontre que l'on peut jouer alternativement les trois rôles. Dès que l'on éprouve de la difficulté à exprimer nos idées, nos ressentis ou nos émotions, on porte inconsciemment le masque de l'un de ces trois rôles et on perturbe ainsi notre communication et nos relations.

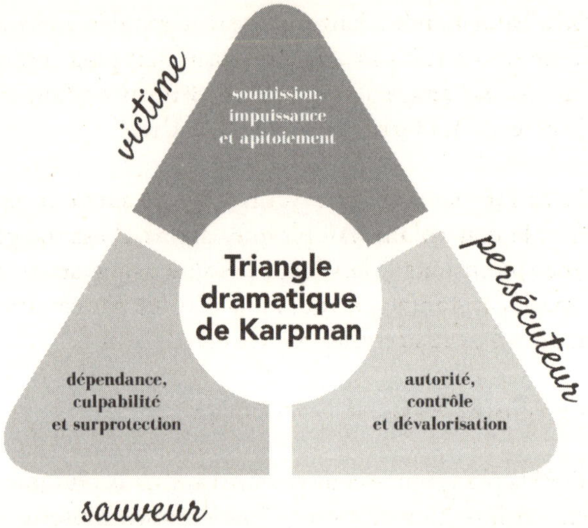

• Les fausses bonnes intentions du sauveur

Même si le rôle du sauveur peut être très gratifiant pour notre ego, le sauveur est faussement serviable : sa finalité est en effet de garder les autres sous sa coupe en les rendant incapables de se débrouiller seuls.

C'est souvent la pitié, la culpabilité, le stress ou l'anxiété qui déclenchent des actions de sauvetage. L'idée même que l'autre soit en détresse perturbe profondément le sauveur, et c'est pour se libérer de cette problématique qu'il agit ainsi. Le sauveur pense alors que le monde ne peut tourner sans lui, qu'il est indispensable et irremplaçable, même si rien ne lui a été demandé ! Souvent, il se rend rapidement compte qu'il ne souhaitait pas agir ainsi et ne sait plus comment arrêter son sauvetage. Il constate la dépendance grandissante de l'autre, ce qui l'irrite et le met en colère.

Sous sa lumineuse et attrayante cape, **le sauveur est un véritable contrôlant**. Au premier abord, il est rempli de bonnes intentions. Mais lorsque son masque souriant et compatissant tombe car tout ne se déroule pas comme il le souhaite, il peut se révéler bourreau ou victime.

• Soyez conscient de vos limites

Malgré la plus grande compassion, l'amour le plus pur et la meilleure intention du monde, vous ne pourrez éliminer les épreuves d'une autre personne ! Cette dernière doit affronter et apprendre ses propres leçons de vie, si difficiles soient-elles. Lui retirer la possibilité de vivre ces expériences qui pourraient l'aider à développer son courage, sa ténacité, sa créativité ou sa patience est vraiment contreproductif. **En sauvant, on coupe les ailes de l'oisillon et on l'empêche de s'envoler.** Nous ne respectons pas l'apprentissage et l'évolution qu'il pourrait retirer de cette expérience, en tombant du nid, par exemple.

Qui sommes-nous pour décider de ce qui est idéal pour quelqu'un d'autre ? Nos projections inconscientes sur l'autre ne sont que le fruit de nos propres désirs ou besoins insatisfaits. Le sauveur propose des solutions bonnes pour lui, pas forcément pour les autres. Ainsi, il tente de gérer et de contrôler la vie d'autrui. Cela peut l'amener jusqu'à l'épuisement total. Ce sentiment d'exploitation le guidera alors naturellement vers le rôle de la victime, pour glisser vers celui du menaçant bourreau, surveillant le moindre écart de conduite.

• Comment ne pas projeter vos propres manques et besoins insatisfaits ?

Il est primordial de **distinguer au quotidien le rôle d'aidant de celui de sauveur**. Lorsqu'une personne est en difficulté, soyez à l'écoute, mais avant toute action, demandez-vous si votre interlocuteur a besoin de votre aide. Si oui, comment ?

Puis interrogez-vous. Êtes-vous la meilleure personne pour répondre à cette demande ? Quel est votre objectif personnel ? Quelles sont les limites, le cadre précis que vous souhaitez poser ? En répondant à cette demande, respectez-vous vos besoins et votre bien-être ?

Si vous éprouvez un malaise, de l'inconfort, ou si vous hésitez à répondre à l'une de ces questions, c'est le signal que vous êtes en train d'endosser la cape du sauveur qui va se sacrifier et non aider.

Rentrez en contact direct avec votre énergie magnétique en passant à l'action

Les différentes techniques

En magnétisme, nous utilisons généralement **5 techniques différentes.**

TECHNIQUE 1 - L'imposition des mains

C'est la méthode la plus connue et exploitée. Elle consiste à placer ses mains à quelques centimètres du corps du receveur, sans aucun contact direct. L'imposition des mains reste statique. Cette technique est utilisée localement, pour des zones bien précises.

Son intérêt

Elle peut calmer et soulager ou, au contraire, stimuler et exciter. Il existe quatre sortes d'impositions des mains.

L'imposition palmaire

Elle consiste à imposer ses mains en écartant légèrement les doigts.

L'imposition digitale

Avec l'imposition digitale, vous collez vos doigts et les pointez vers le receveur.

L'imposition en pinces ou en faisceaux

Pour ce type d'imposition, vous regroupez vos doigts comme pour former des pinces.

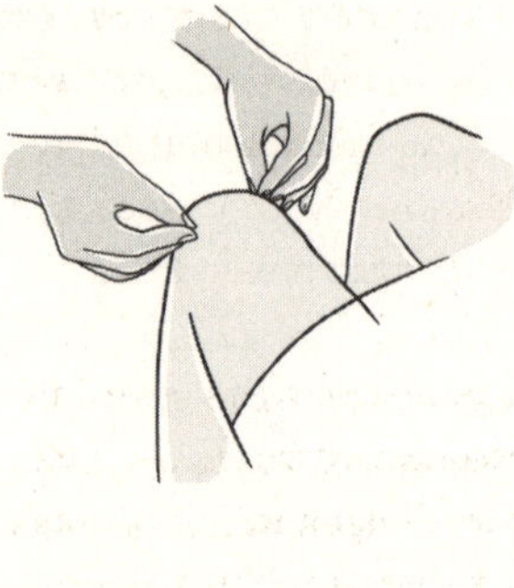

L'imposition en vibrations
Pour pratiquer ce type d'imposition, ouvrez complètement vos paumes de mains et faites-les vibrer.

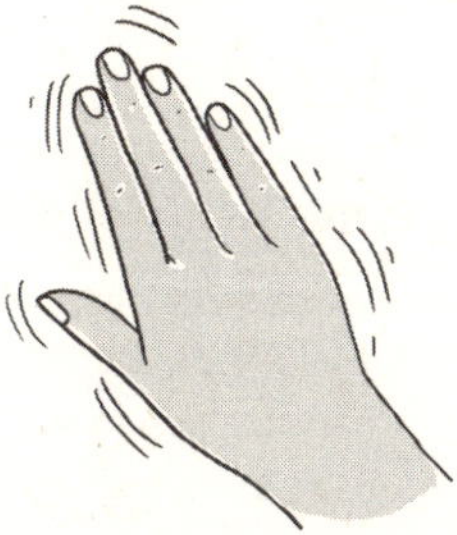

TECHNIQUE 2 - La passe énergétique ou magnétique
Il s'agit d'une imposition des mains qui est en mouvement. Par exemple, **l'imposition digitale circulaire ou rotatoire**, qui est une imposition digitale non statique, est considérée comme une passe énergétique ou magnétique.

Son intérêt
On peut effectuer des **passes lentes**, qui ont un effet calmant ou, au contraire, **des passes rapides** qui vont énergiser et redynamiser l'organisme du receveur.

Ces passes peuvent être dites **longitudinales**, car effectuées de la tête aux pieds, d'une origine à une insertion

de muscle ou sur un membre du corps (par exemple, pour la jambe : des doigts de pied à la hanche).
La passe longitudinale pratiquée lentement, de la tête aux pieds, s'appelle **un effleurage**. Cette méthode consiste à frôler légèrement le corps du receveur pour calmer son système nerveux.

La passe transversale a pour but de dégager les énergies néfastes en les entraînant à l'extérieur du corps du receveur. Elle est très rarement utilisée. Mais si besoin, on peut pratiquer cette technique pour retirer un trop-plein de magnétisme après une séance ou dans le cas de très fortes énergies plombantes. Cette passe est idéale pour sécuriser le receveur lorsqu'il est totalement endormi, afin qu'il ne tombe pas de son fauteuil pendant le rendez-vous !

TECHNIQUE 3 - L'application des mains

Elle s'effectue en contact direct avec le corps du receveur. Il vous suffit de poser vos mains sur lui, sans pression.

Son intérêt

Apaiser et calmer la douleur.

TECHNIQUE 4 - Le souffle magnétique chaud ou froid

Pour réaliser cette technique, pas besoin de vos mains. Il suffit de vous placer à quelques centimètres de la peau du receveur et de souffler. Pour envoyer un souffle chaud, ouvrez grand votre bouche, avec comme intention de réchauffer la zone. Pour le souffle froid, laissez juste passer un léger filet d'air, comme si vous souffliez sur un thé tout juste servi.

Le souffle magnétique, qu'il soit chaud ou froid, doit être pratiqué de façon constante, intense et profonde. Soufflez dans le **sens des aiguilles d'une montre** pour augmenter sa puissance. Cette méthode paraît très simple mais, en pratique, elle demande vraiment **beaucoup d'entraînement**. Rares sont les magnétiseurs qui l'utilisent régulièrement.

Son intérêt

En aspirant l'air, on absorbe les énergies néfastes et, en expirant, on insuffle de l'énergie bienveillante et lumineuse. Le souffle chaud est calmant alors que le souffle froid est un excitant qui décongestionne.

TECHNIQUE 5 - La friction circulaire ou rotatoire

Ce terme est emprunté à la massothérapie. En massage, cette technique consiste à appliquer une pression du bout des doigts afin d'augmenter l'afflux sanguin, de décontracter les muscles et d'optimiser le flux lymphatique.

En magnétisme, le **massage magnétique**, appelé friction circulaire ou rotatoire, est pratiqué fréquemment. Pour le réaliser, collez vos doigts et incurvez légèrement vos mains. Faites des cercles en suivant le sens des aiguilles d'une montre en effleurant la zone à traiter. Vous pouvez également frotter votre main directement sur cette dernière.

Son intérêt
Elle stimule la circulation sanguine et redynamise une zone précise de l'organisme du receveur.

QUELLE TECHNIQUE CHOISIR POUR COMMENCER ?

Pour débuter votre pratique du magnétisme, je vous recommande de vous focaliser sur la technique d'imposition des mains ou d'application des mains, puis sur les passes énergétiques ou magnétiques. Il s'agit d'une excellente base de travail. Développez également votre pensée positive en gardant toujours la ferme intention de calmer et de « chasser » la douleur, que ce soit pour vous ou une autre personne.

Le déroulement d'une séance

- **Avant la séance**

Préparez-vous avec soin afin d'être dans **les meilleures conditions possibles** pour vous-même, mais également pour la personne que vous allez accueillir.

Le lieu
Pour ne pas surstimuler vos sens, choisissez **un espace calme, aéré et accueillant.** Préférez de la musique douce sans paroles, un éclairage tamisé, des meubles aux formes arrondies, des matières naturelles, une légère diffusion

d'huile essentielle biologique, pure et complète (orange douce, bois de santal, ylang-ylang, jasmin...) et des couleurs propices à la relaxation (blanc, bleu, violet, rose, dans des teintes pastel, claires et mates). Pensez également au confort de vos sièges (vous pouvez aussi utiliser une table de massage). Ayez toujours à portée de main des feuilles, un stylo, une boîte de mouchoirs, un nettoyant pour les mains et un plaid.

Si vous le pouvez, ajoutez votre petite touche personnelle dans la décoration (pierres, coquillages, bol tibétain, tableau...) pour créer une ambiance apaisante et chaleureuse.

Le nettoyage et l'équilibre énergétique

Je vous conseille de vous procurer une lampe de sel de l'Himalaya pour l'allumer pendant vos séances. Elle libère des ions négatifs qui purifient l'air, favorisent **la détente et la relaxation**.

Pour vous aider à vous relier à la terre et vous recentrer, faites brûler un petit cône de bois de santal. Vous pouvez aussi régulièrement faire brûler de l'encens de benjoin, de copal ou de storax et diffuser de l'huile essentielle d'encens, de sauge, de basilic ou de myrrhe (biologique, pure et complète) pour garder un taux vibratoire élevé et sain.

Comme pour les grands ménages de mi-saison, faites brûler de l'encens de cèdre afin de libérer les charges émotionnelles si vous en ressentez le besoin. **Nettoyez et purifiez** aussi chaque coin de votre pièce avec un bâton de sauge blanche amérindienne.

Une préparation idéale

Veillez à ce que ni vous ni le receveur ne soyez sous l'emprise d'alcool ou de drogue. Avant chaque séance, buvez au minimum un grand verre d'eau. Cela facilitera la circulation de l'énergie dans votre corps.

Si vous vous sentez fatigué, tendu, stressé, préoccupé ou en colère, je vous déconseille de magnétiser quelqu'un. Utilisez plutôt ce temps pour vous ressourcer et vous réénergisant personnellement.

Par souci de confort, lavez-vous les mains (en particulier si vous êtes fumeur, retirez vos bagues, colliers et montres (surtout celles à quartz) et portez des vêtements dans lesquels vous vous sentez parfaitement à l'aise.

Réalisez la méditation d'enracinement proposée p. 86. Elle vous mettra en condition pour laisser passer votre énergie magnétique de manière fluide. N'hésitez pas à pratiquer toute méthode qui vous aiderait à améliorer votre respiration, votre concentration, votre capacité à méditer et à lâcher prise.

• Premier contact

Dans toute relation d'aide, **le premier contact est déterminant.** Qu'on le veuille ou non, l'impact de la première impression est fort. C'est le moment où vous faites connaissance, où vous posez le cadre de votre pratique et établissez **un climat de confiance avec votre interlocuteur.**

Les questions à poser

Voici quelques questions indispensables à poser lors de la première séance.

Cette liste n'est pas exhaustive, complétez-la si besoin.

- Avez-vous des douleurs, tensions, points de stress, engourdissements ? Si oui, pouvez-vous me dire où exactement et à quelle fréquence ?
- Avez-vous consulté un médecin ? Si oui, quand et pourquoi ?
- À combien situez-vous l'intensité de votre douleur (1 : très faible ; 10 : insoutenable) ?
- Prenez-vous des médicaments ? Si oui, le(s)quel(s) et à quelle fréquence ?
- Avez-vous subi des blessures graves ou des actes chirurgicaux durant les cinq dernières années ? Si oui, à quelle date et pour quelle raison ?
- Pour les femmes : êtes-vous enceinte ?

Engager le receveur

Je vous recommande également de faire signer au receveur une feuille sur laquelle sera inscrit le paragraphe suivant :

« Au meilleur de ma connaissance, toutes les informations que j'ai fournies sont véridiques. S'il y a des changements dans mon état de santé, je m'engage à en informer immédiatement (vos nom et prénom), magnétiseur(euse). Je comprends qu'il/elle n'est pas docteur en médecine et ne peut diagnostiquer les problèmes de santé (physique, psychique et émotionnel) que je peux avoir. J'accepte de recevoir des séances de magnétisme de sa part. »

Répondre aux questions

Lors de ce premier contact, même si c'est avec une personne de votre entourage, il est important de répondre à toutes les interrogations de votre receveur dans la mesure du possible. Il ne doit persister **aucune zone floue** sur le déroulement de la séance et votre pratique du magnétisme.

Même si ce n'est pas votre profession, vous devrez toujours pratiquer le magnétisme avec beaucoup de compétence et de professionnalisme. Si vous ne pouvez répondre à une question, précisez que vous reviendrez rapidement avec une réponse. Honorez votre engagement en revenant vers la personne dans les 24 heures.

Expliquer le déroulement de la séance

Ne laissez planer aucun mystère et **soyez très pédagogue**. Avant de débuter la séance, expliquez au receveur qu'il restera habillé, assis sur un siège ou allongé sur une table de massage pendant maximum 30 minutes. Dites-lui où et comment vous allez placer vos mains. Indiquez-lui qu'il n'aura qu'une seule chose à faire : ne rien faire ! Rassurez-le en lui disant qu'il pourra ressentir des picotements, de la chaleur, du froid ou rien du tout, et que cela n'a aucun impact sur la réussite de la séance.

✦ Début de la séance

Le centrage

Avant toute pratique énergétique (pour vous ou une autre personne), il est primordial de se centrer. Le centrage a pour but de calmer notre mental. Comme un sas de décompression, il nous prépare à utiliser l'énergie en tant que canal. En nous centrant, nous sommes pleinement dans l'instant présent. Pour se centrer, de nombreux énergéticiens utilisent **la position des mains jointes** (*gassho* en japonais, *anjali mudra* en sanskrit). Placez vos mains jointes en prière au niveau de votre cœur (dessin ci-dessous). Cette position permet de réunir la partie droite de notre corps reliée au cerveau gauche (concept, rationalité, logique, détail) avec la partie gauche reliée à notre cerveau droit (intuition, créativité, émotion, inspiration).

Restez dans cette position en ayant pour seule intention de laisser couler l'énergie lumineuse la plus pure possible. Pratiquez cette méditation active en visualisant l'énergie qui circule dans votre corps.

ASTUCE

Si vous éprouvez des difficultés à vous centrer rapidement en présence du receveur, entraînez-vous seul quotidiennement. Vous vous familiariserez ainsi plus facilement avec vos sensations.

L'affirmation positive

Comme vous allez mettre votre énergie personnelle au service du receveur, il est important de vous « protéger » afin de la respecter et de la sauvegarder.

Tout en restant en position *gassho/anjali mudra*, je vous propose de prononcer l'affirmation positive suivante : « Je suis centré et ancré maintenant. Je demande aux êtres de lumière de m'accompagner et de me protéger pendant toute la durée de la séance avec (prénom de votre receveur). »

ASTUCE

Vous pouvez modifier cette affirmation positive à votre convenance et y ajouter ce que vous désirez. Veillez seulement à faire appel uniquement à de la lumière (guides de lumière, archanges de lumière…).

- **Pendant la séance**

La connexion énergétique avec le receveur

Lorsqu'on est en relation d'aide, quelle que soit la méthode appliquée, il est important de **rentrer en connexion avec**

son interlocuteur pour être totalement en phase avec lui et répondre plus facilement à ses besoins.
Il existe **deux méthodes** pour rentrer rapidement en communication avec l'énergie d'une personne.

- En position assise, faites face au receveur, paumes de mains sur ses cuisses. Demandez-lui l'autorisation de poser vos mains sur les siennes. S'il ferme les yeux, fixez l'espace entre ses sourcils. S'il souhaite les garder ouverts, regardez l'espace entre sa poitrine et son nombril.
- Le receveur reste dans la même position que pour la première méthode. Placez-vous debout derrière lui et posez vos mains sur ses épaules. Fermez les yeux et fixez sa tête ou sa nuque.

Lâchez votre mental et laissez venir à vous les sensations, les ressentis et les images.

Pratique et état d'esprit

Réalisez les positions préconisées. Débutez toujours par la tête pour terminer par les pieds, afin de favoriser un parfait ancrage.

Le plus important est d'avoir foi en vos capacités, en le magnétisme et en tous les résultats que vous pourrez obtenir. Votre intuition vous guidera toujours vers la technique qui apportera le plus de bien au receveur. La clef de la réussite réside dans un profond **lâcher-prise** et dans la **confiance** en votre aptitude à transmettre de l'énergie positive et curative.

Lorsque vous vous sentirez plus aguerri, je vous invite à tester les autres techniques (le souffle magnétique ou encore la friction circulaire ou rotatoire, voir p. 99).

COMBIEN DE TEMPS ?

Je vous conseille de réaliser cette connexion énergétique 5 minutes environ la première fois, puis à chaque début de séance pendant au moins 3 minutes. Avec l'expérience, 1 à 2 minutes seulement vous seront nécessaires.

- **Après la séance**

Déchargement, nettoyage et rechargement énergétiques

Secouez vos mains, frottez-les et soufflez sur elles. Puis, lavez-vous les mains, les avant-bras et même les bras. Grâce à l'eau, vous couperez les liens énergétiques entretenus pendant la séance. Certains magnétiseurs utilisent de l'eau salée. En vous déchargeant des énergies résiduelles du receveur, vous évacuerez toute tension inutile.

Ensuite, il est impératif d'effectuer un nettoyage énergétique avec un bâton de sauge blanche. Ouvrez bien toutes les portes et les fenêtres avant de l'allumer. Dès qu'une fumée s'en dégage, prenez-le en main. Faites le tour des quatre coins de la pièce en l'agitant pour que la fumée s'étende jusqu'au plafond. Veillez à bien l'éteindre en le plongeant dans un grand verre d'eau.

RECHARGEMENT ÉNERGÉTIQUE

Pour recharger vos batteries, reliez-vous à l'énergie tellurique en vous adossant à un arbre ou en mettant vos mains sur le sol. Demandez à la terre-mère d'absorber votre énergie, de la recycler et de vous la restituer. N'oubliez pas de la remercier !

En début de pratique, je ne vous conseille pas d'enchaîner les séances car votre corps aura besoin de récupérer en profondeur.

Conseils et précautions pour le receveur

Conseillez au receveur de bien s'hydrater et d'éviter les longues douches pendant 24 heures, cela augmentera l'efficacité du magnétisme.

Sans être alarmiste, parlez-lui brièvement de la « **crise de guérison** ». Il s'agit de la façon par laquelle l'organisme nettoie, purifie et élimine après l'action du magnétisme. Parfois, elle peut entraîner des effets secondaires tels qu'une grande fatigue ou, au contraire, beaucoup d'énergie, une sensibilité accrue, ou encore une réapparition des symptômes avec un pic de douleur. Si cela s'aggrave et dure plus de 72 heures, expliquez-lui qu'il devra consulter un médecin.

DÉTERMINEZ LA POLARITÉ DE CHACUNE DE VOS MAINS

Avant d'explorer et de mettre en pratique les positions qui suivent, il est important de **déterminer la polarité** de chacune de vos mains.

On dit généralement que la main droite d'une personne droitière est positive. Elle est plus chaude et apporte de l'**énergie calmante** en rechargeant en énergie le receveur.

La main gauche, elle, est **négative, froide et stimulante** : elle aspire et décharge l'énergie du receveur. Si vous êtes gaucher, inversez. Mais, si après plusieurs essais, vous constatez que votre ressenti vous indique l'inverse, procédez ainsi sans trop vous poser de questions. Suivez avant tout votre intuition, elle est votre meilleur guide !

Quand vous imposez vos mains et que vous ressentez de la chaleur, c'est que l'organe – ou la zone corporelle – est congestionné, surstimulé et enflammé. Dans le cas contraire, le froid vous indiquera un blocage et un déséquilibre du système nerveux qui crée un ralentissement de l'organe ou de la zone en question.

L'automagnétisme

Avant d'être un grand concertiste, le musicien apprend ses gammes. Il en est de même pour le peintre, qui débute par des reproductions de modèles avant de se lancer dans l'art abstrait. C'est pourquoi, je vous propose plusieurs positions détaillées avec la technique d'imposition des mains pour débuter.

• Comment ?

Réalisez chaque position avec la technique d'imposition des mains (imposition palmaire, en restant à quelques centimètres de votre corps) ou, plus aisément, en application directe (vos mains sans pression seront en contact avec votre corps). Ne croisez pas vos jambes ni vos doigts.

Il existe **neuf positions de base** qui couvrent le corps dans sa globalité. En fonction de vos besoins spécifiques, vous pouvez remplacer ou ajouter une ou plusieurs positions suivant votre ressenti. Votre seul et unique cadre de référence, c'est lui. Il est donc important de développer vos propres sensations physiques. Vous découvrirez et comprendrez ainsi quels sont vos « signaux » personnels, dans vos mains, mais pas seulement ! Par exemple, certains magnétiseurs bâilleront. D'autres auront un léger hoquet comme « alerte » significative. Ces sensations corporelles peuvent être très personnelles et uniques. En revanche, **terminez toujours par l'ancrage** (les pieds).

Portez votre attention sur vos sensations, en particulier sur la diminution de la chaleur de votre main positive. Il est souvent plus difficile de pratiquer le magnétisme seul qu'avec une autre personne. Les premières fois, vos sensations peuvent être vraiment ténues. Persévérez et pratiquez !

• Combien de temps ?

Pour chaque position, restez environ **4 minutes**. Cela peut être plus ou moins, selon vos besoins du moment. Suivez votre intuition.
Ne dépassez pas une trentaine de minutes pour une séance d'automagnétisme. Soyez bien ancré et centré, sinon vous risquez de vous épuiser rapidement, surtout au début. Afin de vous familiariser avec cette nouvelle pratique, débutez par des séances d'environ 4 minutes, en réalisant une ou plusieurs positions, puis d'environ 8 minutes, en augmentant la durée au fur et à mesure.

• Dans quel but ?

Cette technique permet un retour à soi pour calmer son mental. Elle apporte un apaisement général et régule **l'homéostasie**, l'équilibre dynamique du corps.

• Règle générale

Pour calmer une douleur physique particulière qui n'est pas citée plus loin, restez sur cette zone le temps qui vous semblera juste.

9 positions d'automagnétisme

POSITION 1 - Le visage

Couvrez bien vos yeux, vos sinus et une partie de votre dentition.

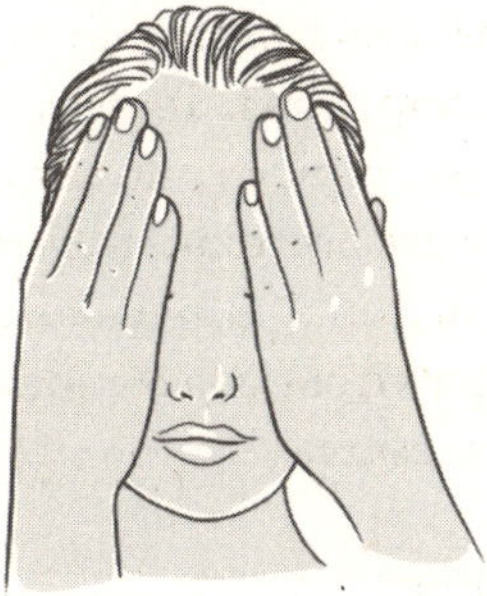

Cas particulier : les maux de dents

Appliquez votre main positive sur la zone douloureuse et votre main négative au niveau de votre occiput (partie postérieure saillante du crâne). Renouvelez si besoin plusieurs fois par jour.

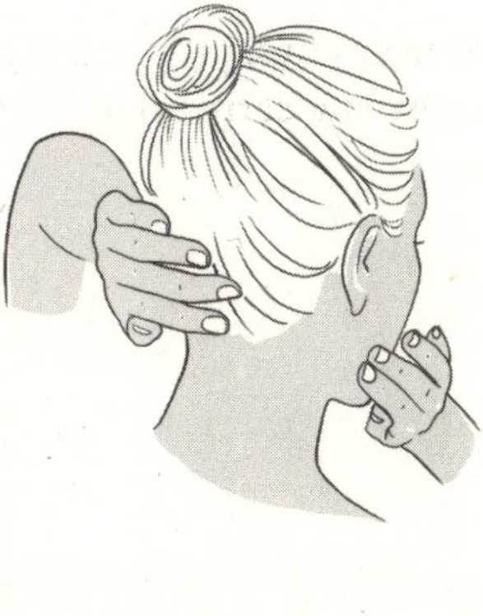

Cas particulier : la conjonctivite

Imposez votre main positive devant votre œil droit et votre main négative devant votre œil gauche.

Puis réalisez une petite passe énergétique calmante en ramenant vos mains, paumes ouvertes, devant vos yeux, puis en les dirigeant vers vos tempes.

Fermez vos mains et ramenez vos poings devant vos yeux, puis répétez cette passe une douzaine de fois.

Renouvelez si besoin plusieurs fois par jour.

POSITION 2 - La gorge

Placez vos mains de chaque côté de votre gorge pour couvrir la thyroïde et la parathyroïde.
Ces glandes aident au bon fonctionnement des reins, des os et d'une partie du tube digestif.

POSITION 3 - La tête

Couvrez votre front avec votre main positive et le sommet de votre crâne avec votre main négative.

Cas particulier : les maux de tête
Appliquez vos mains de chaque côté de votre crâne et effectuez une compression de 5 secondes maximum. Répétez-la cinq fois.

Puis appliquez votre main positive sur votre front et votre main négative au niveau de votre occiput pendant 2 minutes.
Inversez la place de vos mains et répétez l'imposition pendant 2 minutes.

Renouvelez si besoin plusieurs fois par jour.

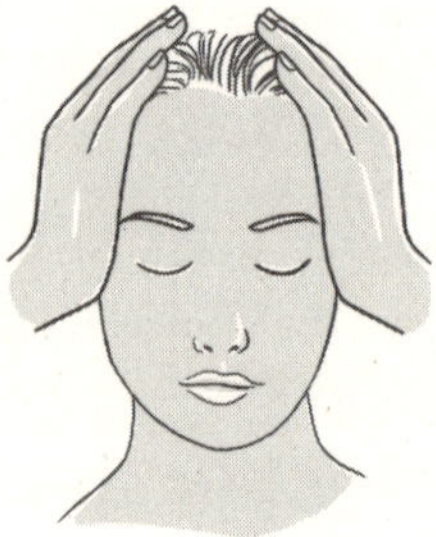

Cas particulier : les maux d'oreille
Vous pouvez imposer simultanément vos mains sur vos oreilles ou bien placer les deux à la fois sur une oreille, puis répétez l'opération sur l'autre oreille.

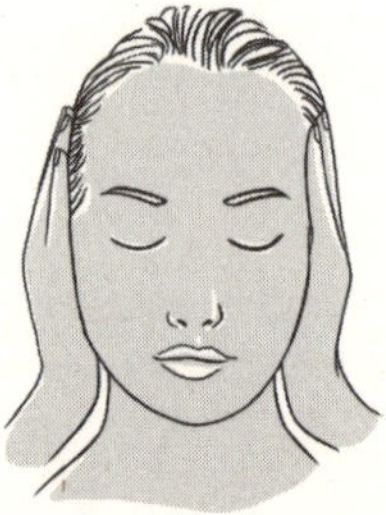

Positionnez ensuite vos doigts de façon à former une pince.

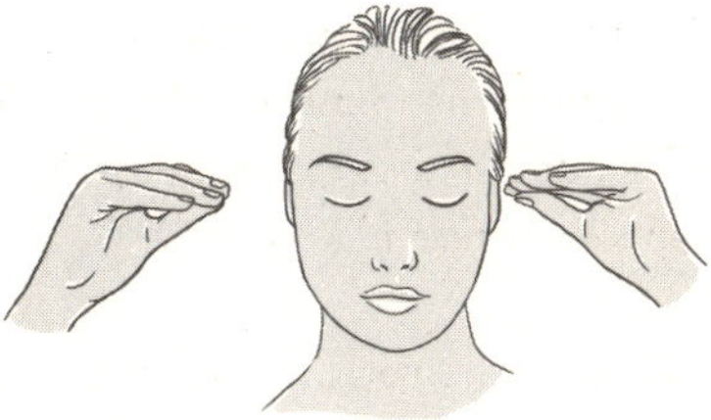

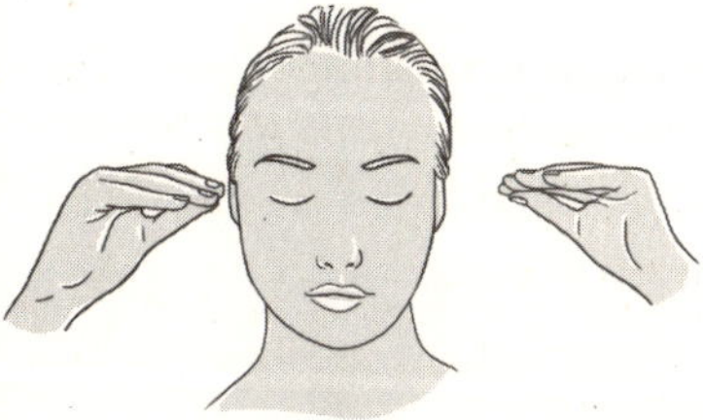

Placez chaque main/pince devant chaque oreille puis réalisez un mouvement synchronisé de va-et-vient de gauche à droite.

POSITION 4 - Le torse

Placez votre main positive au niveau de votre poitrine et votre main négative sur votre cœur. Elles couvriront ainsi une partie de vos poumons.

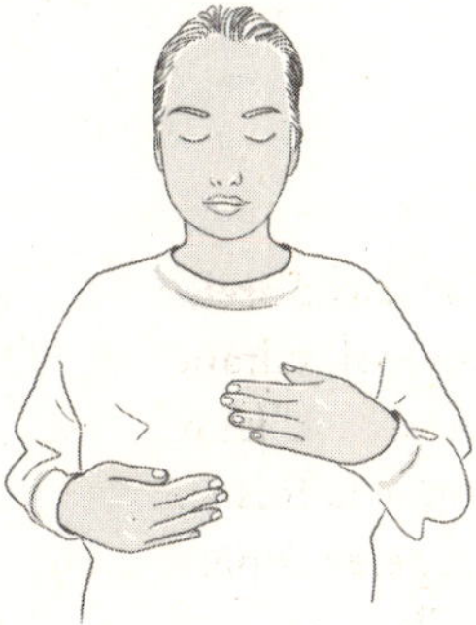

POSITION 5 - La position générale de l'abdomen
Appliquez vos mains de chaque côté de votre nombril, qui est le centre énergétique de votre corps.

Cas particulier : les maux de ventre
Appliquez votre main positive sur la zone douloureuse et votre main négative en parallèle sur votre colonne vertébrale.

Puis réalisez une petite passe énergétique calmante en ramenant votre main négative vers votre main positive, paumes ouvertes, entre votre nombril et votre sternum. Dirigez vos deux mains jusqu'à vos genoux. Fermez-les et ramenez vos poings au même endroit.

Répétez cette passe deux fois.

Renouvelez si besoin plusieurs fois par jour.

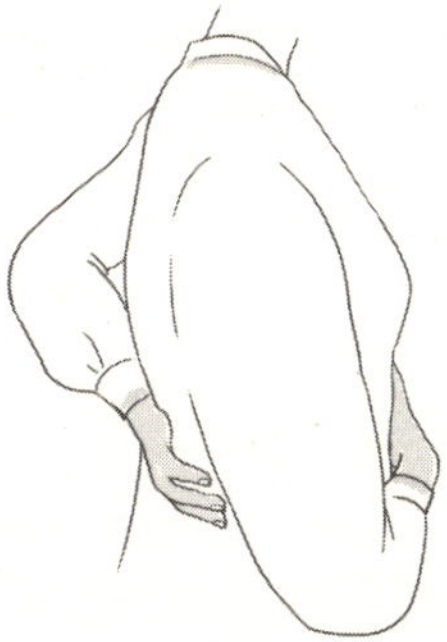

POSITION 6 - Le bas de l'abdomen

Appliquez vos mains sur la zone pelvienne pour couvrir vos organes reproducteurs et le système d'élimination des déchets métaboliques.

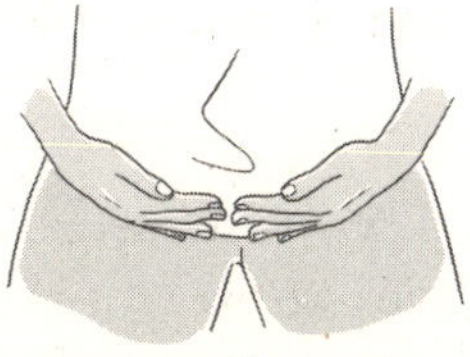

Cas particulier : les règles douloureuses

Appliquez vos mains comme pour la position du bas de l'abdomen, puis réalisez la position des reins.

Renouvelez si besoin plusieurs fois par jour.

POSITION 7 Les reins

Couvrez la zone en posant chacune de vos mains sur vos reins.

Cette position stimule l'élimination des fluides corporels.

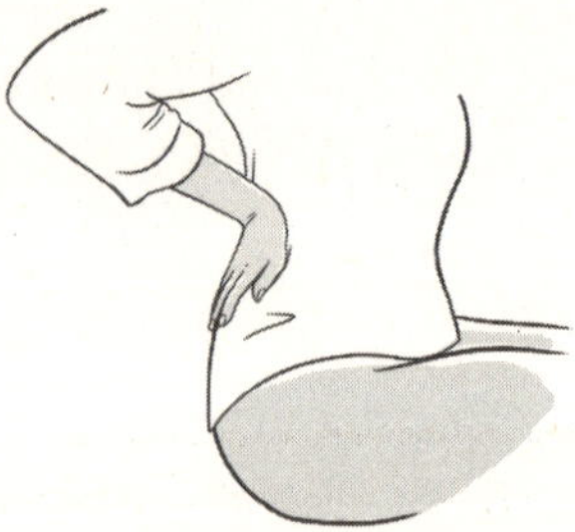

POSITION 8 - Les genoux

Placez simultanément vos mains sur vos genoux ou appliquez vos deux mains sur un genou, puis sur l'autre.

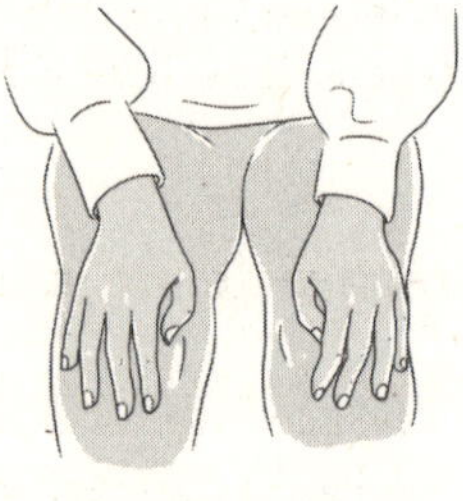

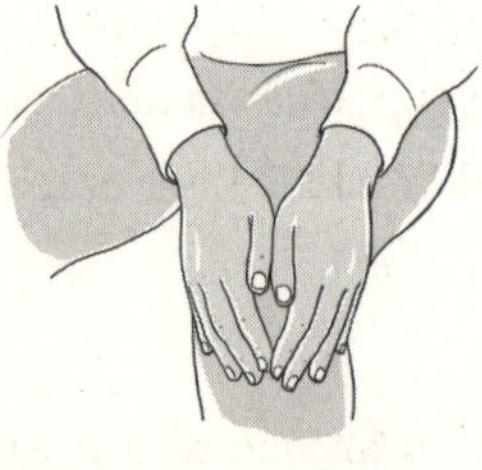

Cas particulier : les douleurs articulaires

Appliquez vos mains de chaque côté de la zone douloureuse.

Renouvelez si besoin plusieurs fois par jour.

POSITION 9 - Les pieds
Placez simultanément vos mains sur vos plantes de pieds ou appliquez vos deux mains sur un pied, puis sur l'autre.

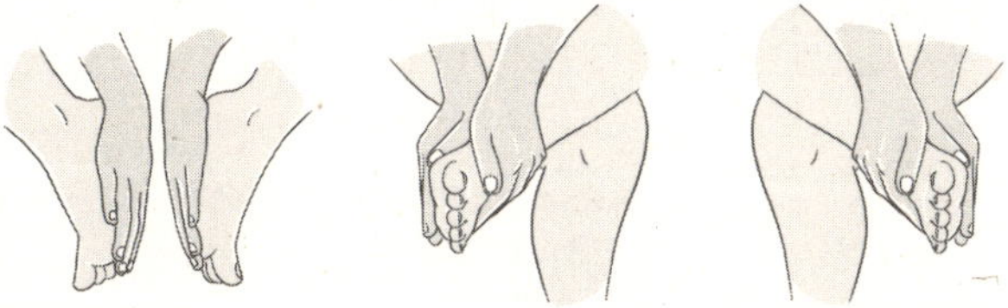

Cas particulier : la foulure ou l'entorse
Appliquez vos mains sur votre pied, puis réalisez un bandage avec des compresses d'eau magnétisée (l'eau au goût de fer, voir p. 70). Gardez-le 45 minutes maximum. Renouvelez si besoin deux fois par jour.

La séance de magnétisme sur une autre personne

Une fois que vous vous serez familiarisé avec le magnétisme grâce à l'automagnétisme, vous pourrez commencer à le pratiquer sur une autre personne. Pour vous y aider, vous trouverez ici un second volet de **six positions** dédiées à **la séance de magnétisme sur une autre personne.**

✦ Comment ?

Réalisez chaque position avec la technique d'**imposition des mains** (imposition palmaire, en restant à quelques centimètres du corps). Faites décroiser les jambes, les mains et les doigts du receveur.

Il n'existe pas de protocole de base en particulier. Seules **six positions** sont à mes yeux indispensables : le foie, la rate, les reins, la colonne vertébrale, l'harmonisation générale et les pieds. En fonction des besoins du receveur, remplacez ou ajoutez une ou plusieurs positions selon votre ressenti.

Comme pour l'automagnétisme, portez votre attention sur vos sensations. Croyez en votre capacité à magnétiser et persévérez !

• Combien de temps ?

Pour chaque position, restez environ 4 minutes. Comme expliqué plus haut, il est bon de suivre son intuition. Une séance de magnétisme dure en moyenne 25 minutes. Même si vous êtes en excellente forme physique, allez-y progressivement. Magnétisez 10 minutes, puis 15 minutes, et jusqu'à 30 minutes maximum. Ne dépassez pas cette durée maximale. Afin que votre corps s'habitue progressivement, il vaut mieux réaliser deux séances toutes les semaines que cinq séances d'affilée et plus rien après !

• Dans quel but ?

La séance de magnétisme permet de réguler l'homéostasie, l'équilibre dynamique du corps. Avec votre énergie, vous pourrez ainsi calmer ou stimuler. Plus vous rentrerez facilement en connexion énergétique avec le receveur, plus vous pourrez répondre à ses besoins facilement. Pour vous aider, vous trouverez tous les détails du bon déroulement d'une séance p. 100.

• Règle générale

Le receveur peut être assis ou allongé si vous possédez une table de massage. En toutes circonstances, gardez toujours le dos droit et pliez vos genoux. Vous préserverez ainsi votre santé et votre énergie !

6 positions pour une séance de magnétisme

POSITION 1 - L'abdomen droit

Si le receveur est allongé, imposez dans un premier temps vos mains sur le côté droit de son abdomen, au niveau de son **foie**. S'il est assis, placez votre main droite sur son foie et la gauche en parallèle dans son dos.

Dans un second temps, lorsque vous ressentez que la chaleur diminue, effectuez une imposition digitale circulaire (en mouvement) avec votre main droite. Ouvrez votre main puis tournez dans le sens des aiguilles d'une montre. Lorsque le cercle est terminé, fermez votre main et recommencez.

Cette passe énergétique sera lente ou très vive, en fonction des besoins. En position assise, gardez bien votre main gauche fixe dans le dos du receveur. En position allongée, placez-la entre la table et le dos du receveur, en application.
Cette position permet l'amélioration de la digestion, de l'élimination des toxines et agit parfois sur le mal de tête.

Que vous pratiquiez avec un receveur allongé ou assis, vous devez toujours vous placer du même côté que la partie du corps que vous magnétisez. Ne croisez pas vos mains ni vos bras. C'est vous qui vous déplacez, jamais le receveur !

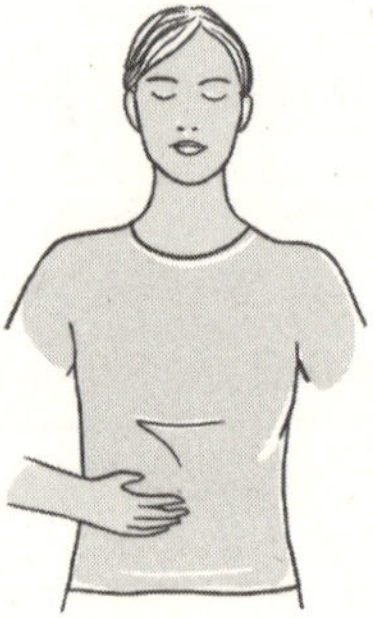

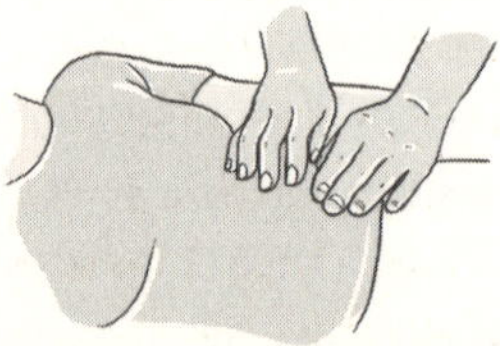

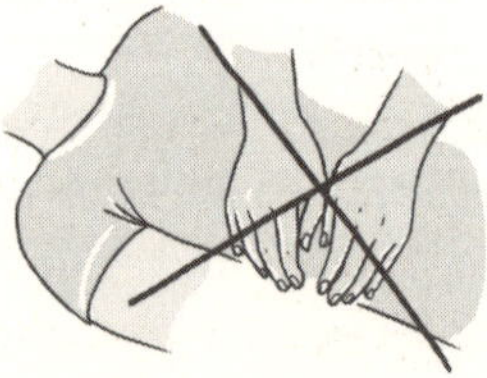

POSITION 2 - L'abdomen gauche

Si le receveur est allongé, imposez dans un premier temps vos mains sur le côté gauche de son abdomen, au niveau de sa **rate**.

S'il est assis, placez votre main gauche sur sa rate et votre main droite en parallèle dans son dos.

N'oubliez pas que vous ne devez croiser ni vos mains ni vos bras. Placez-vous toujours du côté de la zone sur laquelle vous travaillez. Si le receveur est assis et que vous n'avez pas vraiment de ressenti lorsque vous commencez cette imposition, imposez d'abord vos deux mains sur la rate, puis reprenez la position initiale.

Cette position aide le système immunitaire à mieux se défendre et à combattre les infections.

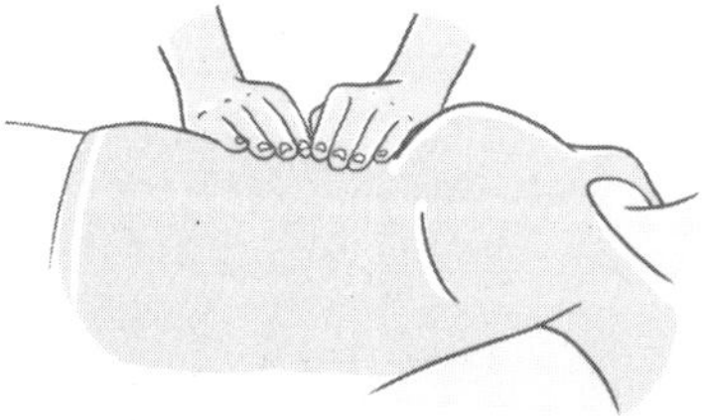

Cas particulier : les maux de ventre (ballonnements, indigestion…)

Reprenez le second temps de la position de l'abdomen droit (voir p. 123) : imposez votre main négative dans le dos du receveur et, simultanément, effectuez des passes énergétiques circulaires très larges sur tout l'estomac avec votre main positive. Suivez le sens des aiguilles d'une montre. Effectuez pour chaque cercle cette imposition digitale dans un mouvement doux et lent.

Cas particulier : la constipation

Suivez le protocole des positions 1, 3 puis 4 (voir p. 123, p. 127 et p. 128). Ensuite, réalisez une application digitale des mains non statique, en suivant le trajet du côlon. Effectuez ce massage lentement, sans trop de pression dans vos doigts, en suivant le sens des aiguilles d'une montre (cela forme un U).

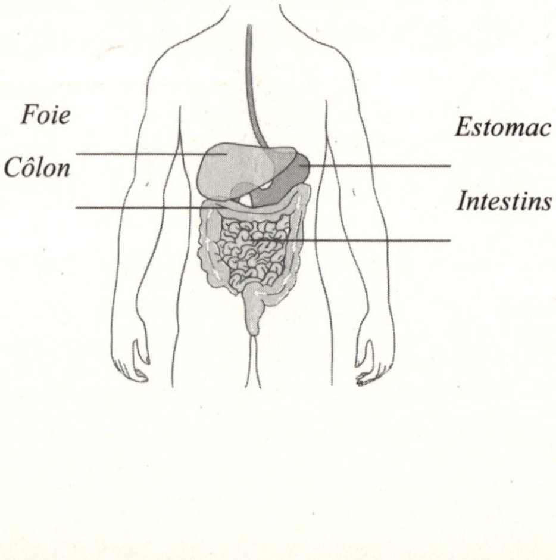

POSITION 3 - Les reins

Je vous recommande de réaliser cette position en étant assis derrière le receveur (voir dessin page suivante). Imposez une main sur chaque rein. Lorsque la sensation de chaleur diminue, effectuez une passe énergétique longitudinale : ouvrez vos mains devant les reins et déplacez-les simultanément vers l'avant du corps du receveur. Arrivé au niveau du bas de l'abdomen, refermez vos mains puis répétez la passe pendant 2 minutes.

Ensuite, réalisez une dernière passe du même type, des reins jusqu'au sacrum, pendant 2 minutes.

Cette position stimule particulièrement l'élimination des fluides corporels.

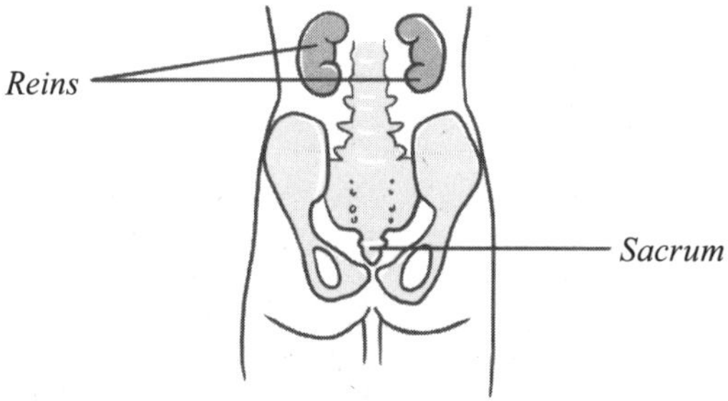

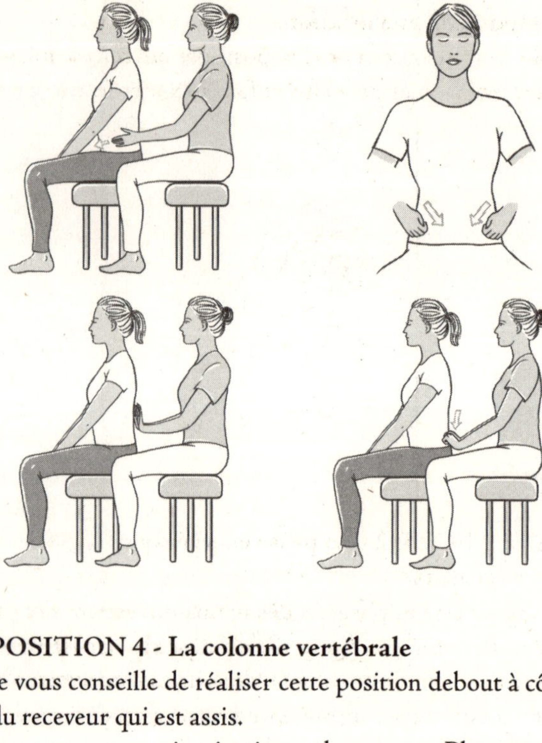

POSITION 4 - La colonne vertébrale

Je vous conseille de réaliser cette position debout à côté du receveur qui est assis.

Imposez votre main négative sur le sternum. Placez votre main positive au niveau de la 7e vertèbre cervicale située dans la nuque.

Puis effectuez une passe énergétique circulaire longitudinale, en tournant toujours dans le sens des aiguilles d'une montre, jusqu'au niveau du sacrum. Arrivé en bas, refermez votre main et répétez cette passe pendant au moins 4 minutes.

Enfin, terminez par un grand effleurage calmant : partez de la nuque et frôlez légèrement tout le corps du receveur jusqu'aux pieds.
Cette position aide le système nerveux dans son rôle de préparation du corps humain au passage à l'action. Elle est vraiment très importante.

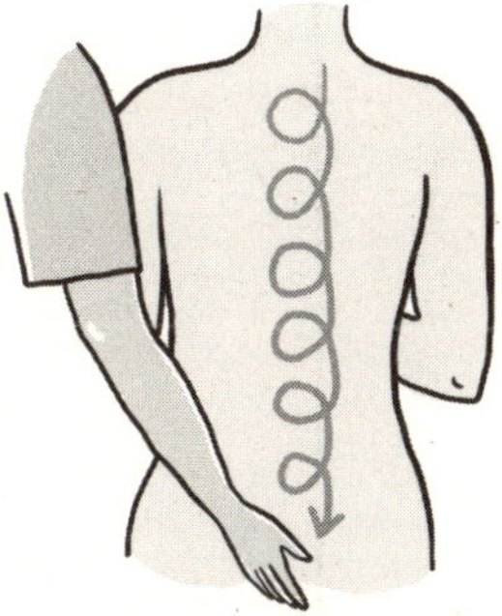

POSITION 5 - L'harmonisation générale
Le receveur est assis ou debout devant vous, les jambes décroisées, les pieds à plat sur le sol et les paumes de main sur ses cuisses.

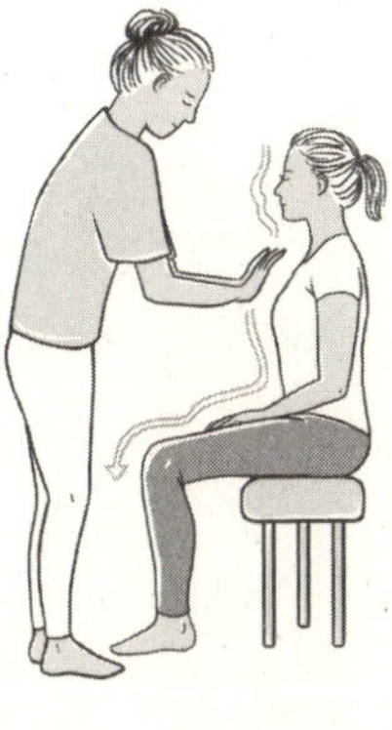

Tenez-vous devant lui et réalisez une imposition des mains non statiques. À quelques centimètres du corps, à partir du front, effectuez un mouvement longitudinal très lent jusqu'aux genoux. Arrivé en bas, fermez vos mains. Remontez-les jusqu'au front et répétez ce mouvement pendant 5 minutes.

Juste avant l'ancrage de fin de séance, cette position est idéale. Elle harmonise et répartit l'énergie dans tout le corps..

POSITION 6 - Les pieds

Appliquez simultanément vos mains sur le dessus des pieds du receveur ou bien appliquez vos deux mains sur un pied, puis sur l'autre. Terminez toujours chaque séance par l'ancrage.

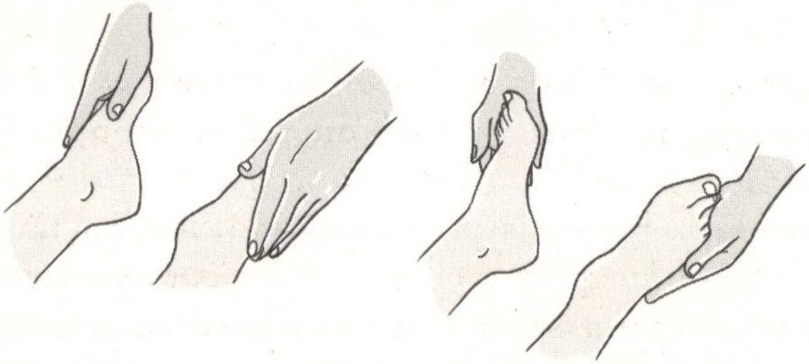

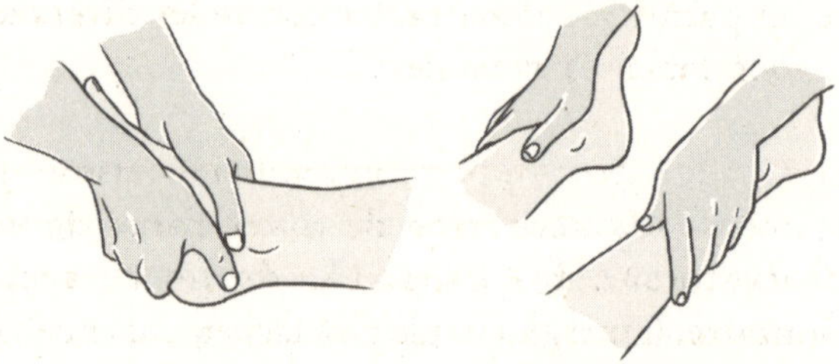

Application simultanée sur les chevilles du receveur

Les apports et limites de la pratique du magnétisme

Les bénéfices pour soi-même et les autres

◆ Un bouclier d'énergie

Grâce au magnétisme, nous pouvons prévenir les maladies, accompagner leur gestion ou même stopper leur développement. Ce n'est qu'une question d'énergie personnelle. Nos corps (physique, psychique et émotionnel) sont affectés lorsqu'ils sont fragilisés, délaissés et entretenus par des routines néfastes (malbouffe, sédentarité, idées négatives...). Il est donc essentiel d'entretenir notre vitalité pour faire le plein d'énergie et ainsi aider notre organisme à être un parfait « combattant » contre les divers maux (infections, malaises, maladies).

Lorsque nous développons notre magnétisme, nous constatons **l'augmentation de notre force de vie et l'accroissement des capacités de notre système immunitaire**. L'énergie circule plus facilement et débloque naturellement certains points énergétiques.

◆ Un complément thérapeutique

Je ne le répéterai jamais assez, en aucun cas le magnétisme ne se substitue aux traitements médicaux prescrits par un professionnel de santé titulaire d'un diplôme de docteur en médecine. En revanche, c'est un parfait complément thérapeutique ! Lorsque l'énergie magnétique est développée à bon escient, elle prodigue **un soin naturel vital pour le corps.** Les effets secondaires des traitements en sont donc diminués, la douleur calmée, les toxines drainées et l'équilibre dynamique du corps, l'homéostasie, est rétabli.

◆ Un outil de développement personnel

Lorsqu'on découvre les capacités extraordinaires que l'on développe avec le magnétisme, notre **confiance en nous** grandit. Sans tomber dans l'égocentrisme, il est important d'augmenter sa confiance pour construire une bonne estime de soi. Le magnétisme permet aussi d'avoir une plus grande conscience de son corps, de son cœur et de son intuition. C'est une formidable méthode pour être à l'écoute de son monde intérieur en développant ses perceptions et sa sensibilité.

Les limites et obstacles

◆ La médecine occidentale

Avec le magnétisme, nous transmettons l'énergie en notre possession mais ne guérissons pas officiellement. Je vous rappelle que même si nous suivons une formation certifiante et/ou travaillons au quotidien notre don, en aucun cas nous ne sommes habilités à utiliser les termes des professionnels de la santé (soin, guérison, ordonnance, prescription...).

Vous pourrez constater de nombreux bienfaits et parfois même, en seulement deux séances, la disparition totale d'une maladie ! Malgré ces incroyables effets, il est **obligatoire de respecter le cadre légal.** J'attire votre attention sur ce sujet car des condamnations d'exercice illégal de la médecine ont déjà été rendues à l'encontre de magnétiseurs prétendant « guérir au moyen d'un fluide énergétique ».

◆ Un travail constant

Lorsqu'on a découvert son don, que l'on reconnaît ses ressentis et ses effets, il est primordial de l'expérimenter et de le développer très régulièrement sur le long terme. Le plus important est de garder sa motivation alors que l'on répète les mêmes gestes. Comme tout entraînement, il faut être **déterminé, constant et patient.**

◆ Vos conditions personnelles

En pratiquant le magnétisme, vous transmettez de l'énergie curative. **Il vous sera essentiel d'évacuer le surplus d'énergie emmagasinée.** Si vous n'effectuez pas de nettoyage et de rééquilibrage énergétique, vous risquez d'être fragilisé et de tomber malade.
Après vos premières séances, vous pourrez vous sentir faible et fatigué. Même si vous avez de grandes ressources, comme votre portable, vous viderez petit à petit votre batterie et il faudra vous recharger. Si vous êtes malade ou dans un état de colère, de stress ou de fatigue, ne faites pas de magnétisme.

Vous pourriez vous mettre en danger et transmettre vos énergies néfastes.
La seule méthode accessible à tous que je connaisse, qui ne fatigue pas et recharge quand on la pratique, est le Reiki. Vous trouverez plus d'informations au sujet de cette technique alternative p. 166.

✦ Mises en garde importantes

Il existe certaines contre-indications à la pratique du magnétisme :

- port d'un vêtement en soie et/ou d'une montre à quartz ;
- grossesse de moins de 3 mois ;
- pacemaker ;
- blessure qui saigne ;
- hémorragie ;
- infections tégumentaires et lésions cutanées (psoriasis...) ;
- calculs (reins, vésicule biliaire...) ;
- ulcère à l'estomac ;
- tuberculose.

Cette liste n'est pas exhaustive. Vous rencontrerez sans doute d'autres contre-indications au fur et à mesure de votre pratique. Faites toujours confiance à votre ressenti et à votre discernement avant de magnétiser.

EN RÉSUMÉ

Pour développer et augmenter son magnétisme, il faut être ancré énergétiquement, avoir confiance en soi, être en bonne santé et avoir un esprit positif.

C'est essentiel de se soigner et de guérir avant d'aider les autres. Prenez soin de vous en premier !

Il existe cinq techniques différentes pour pratiquer le magnétisme : l'imposition des mains, la passe énergétique ou magnétique, l'application des mains, le souffle magnétique chaud ou froid et la friction circulaire ou rotatoire.

- L'imposition des mains est la technique la plus courante. Il en existe quatre sortes : imposition palmaire, digitale, en pinces ou faisceaux et en vibrations.
- La passe énergétique ou magnétique est une imposition des mains en mouvement.
- Pour magnétiser, il faut connaître la polarité de ses mains (positive et négative).
- L'automagnétisme est la base d'un bon apprentissage. Lorsque vous êtes à l'aise sur vous, pratiquez les impositions des mains sur autrui, puis les passes magnétiques.

Aider, ce n'est pas sauver. Attention à ne pas succomber au syndrome du sauveur en tombant dans le triangle de Karpman (sauveur, victime, bourreau).

Pour chaque séance de magnétisme, pensez au lieu, au nettoyage et à l'équilibre énergétique, au premier contact, à votre centrage, à votre affirmation positive, puis au déchargement et nettoyage énergétique après la séance.

Le magnétisme est un bouclier d'énergie, un complément thérapeutique et un outil de développement personnel.

Cette méthode est exigeante. Elle demande beaucoup de rigueur, de travail, de patience et de respect vis-à-vis des limites (physiques, psychiques, légales...).

LE PARTAGE

Après l'avoir découvert et apprivoisé, vous avez tissé des liens étroits avec le magnétisme. Vous l'avez pratiqué, seul et à deux, ce qui vous a permis d'identifier vos forces et vos faiblesses. Afin d'enrichir votre relation, vos connaissances et vos expériences, je vous propose maintenant d'ouvrir votre esprit. Vous trouverez dans cette partie d'autres manières de vivre, de partager et de faire rayonner votre magnétisme personnel.

Les chakras

Les chakras, quésaco ?

De nombreuses personnes associent instinctivement les chakras et l'aura au magnétisme. Et vous, savez-vous vraiment de quoi il s'agit ? Quelles sont leurs différences ?

Le terme chakra signifie « roue » en sanskrit. Les chakras sont aussi appelés « **disques** », « **soleils** » ou « **centres de force** ». Ce sont des centres énergétiques qui régulent notre énergie personnelle et interagissent avec notre corps physique via nos systèmes endocrinien et nerveux. En Inde, ils sont à la base de la médecine ayurvédique, connue et reconnue depuis plus de 5 000 ans. Nous en avons sept principaux le long de notre colonne vertébrale, mais il y en aurait des milliers répartis sur tout le corps. Chaque chakra correspond à une zone précise, à des organes et des systèmes glandulaires, mais aussi à des émotions, des déséquilibres psychiques et physiques. Invisibles pour les yeux, ils ne le sont pas pour l'âme.

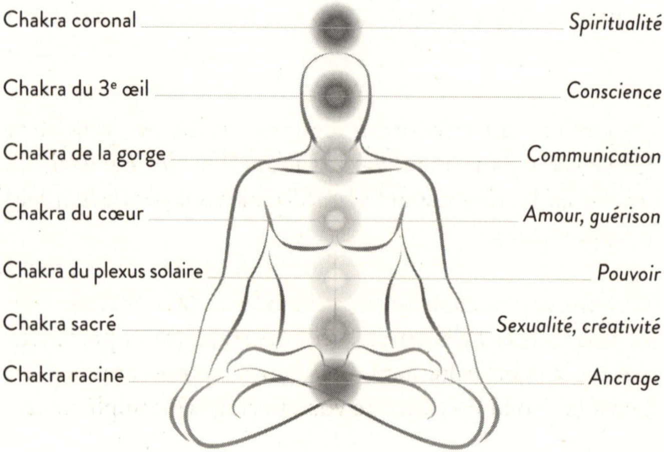

QUELLE DIFFÉRENCE ENTRE LES CHAKRAS ET L'AURA ?

L'aura, appelée également identité énergétique, est la représentation ovoïdale du champ énergétique d'un être vivant. Certains parmi nous arrivent très facilement à percevoir ce halo coloré.

Il entoure notre corps et reflète nos énergies personnelles (notre caractère, notre santé mentale, psychique, émotionnelle et physique).

L'aura est composée de plusieurs couches où circule notre énergie vitale.

Comme vous l'avez constaté lors de votre lecture, je ne parle des chakras dans aucune technique. Pour les puristes, les croyances, les dogmes et les traditions n'ont pas de lien avec le magnétisme.

Passionnée par les couleurs, j'ai étudié celles des chakras et me suis formée à l'harmonisation énergétique et posturale, ainsi qu'à la lithothérapie. Les chakras y avaient une place de choix. Voilà pourquoi je vous partage ce complément.

Réaligner et équilibrer ses chakras

Avoir un alignement et un équilibre parfait de ses sept chakras est très difficile à préserver au quotidien. C'est pourquoi, après vous avoir présenté chacun d'entre eux, je vous propose différentes méthodes pour les développer ou les rééquilibrer si vous en ressentez le besoin.

COMMENT RESSENTIR L'ÉNERGIE DE VOS CHAKRAS ?

Pour ressentir l'énergie de vos chakras, centrez-vous. Placez ensuite vos mains sur chacun d'entre eux. Lâchez prise en portant uniquement votre attention sur vos ressentis. Grâce à vos sensations, vous découvrirez la puissance avec laquelle votre chakra tourne et l'énergie dont il a besoin pour bien fonctionner.

• Le chakra n° 1

C'est le **chakra racine**, base ou *muladhara* (en sanskrit).

Emplacement : il est situé entre notre anus et notre sexe, au niveau du périnée pour l'homme et de l'utérus pour la femme.
Mot-clef : ancrage.
Sens : odorat.
Couleur : rouge.
Élément : terre.
Anatomie : glandes surrénales, hanches, genoux, pieds, dents…
Polarité positive : sécurité, stabilité, bonne estime et confiance de soi, calme, sérénité, enracinement, belle image de soi, patience, bien-être en famille et générosité.
Polarité négative : insécurité, attaque ou fuite, inconfort, instabilité, doute, fatigue, manque d'assurance, avidité, peur du changement, agressivité, prise de risque excessive et besoins physiologiques non satisfaits (manger, dormir, respirer…).
Âge : c'est entre notre naissance et l'âge de raison, 7 ans, que l'énergie de ce chakra est la plus forte.

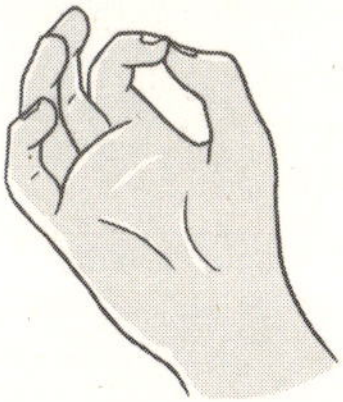

La mudra *associée au chakra n° 1*

Mes conseils pour équilibrer votre chakra n° 1

- Chantez la note de musique « do », jouez du tambour ou dansez.
- Imprégnez-vous de la couleur rouge : décoration, vêtements, thé, aliments (framboises, tomates, pommes, betteraves, cerises, selon la saison).
- Utilisez les huiles essentielles biologiques, pures et complètes, de cannelle, santal, cèdre, clou de girofle, patchouli ou arbre à thé.
- Portez des minéraux rouges : jaspe sanguin, grenat, œil de taureau, agate rouge ou hématite pour plus de vitalité ; bois fossilisé, quartz fumé et œil de fer pour la confiance en soi ; onyx, tourmaline noire, larme d'apache et magnétite pour l'enracinement profond.
- Consommez des racines de pissenlit associées à du panais, du navet, de la patate douce, des pommes de terre, des carottes ou des radis avec un peu d'oignon ou d'ail.
- Massez et stimulez la base de vos poignets, votre voûte plantaire et votre talon.
- Pour développer l'énergie de ce chakra, pratiquez la *mudra* (geste des doigts) associée.

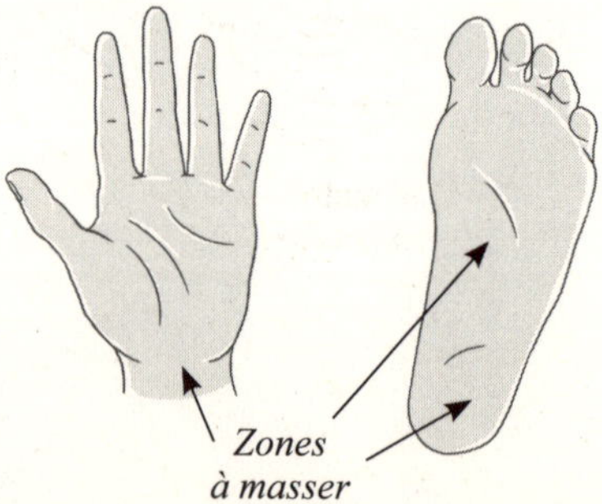

◆ Le chakra n° 2

Le chakra n° 2 est le **chakra sacré**, nombril ou *svadhishthana* (en sanskrit).

Emplacement : il est situé entre le pubis et le nombril, à l'intérieur du corps, au niveau de l'ombilic.
Mot-clef : action.
Sens : goût.
Couleur : orange.
Élément : eau.
Anatomie : glandes de reproduction et reins.
Polarité positive : optimisme, confiance, enthousiasme, volonté, vitalité, créativité, sensualité, fertilité, indépendance, sensibilité, plaisir, contacts et relations.
Polarité négative : méfiance, frigidité, impuissance, peur, crainte, avarice, manipulation, anorexie, boulimie, luxure et émotions primaires.
Âge : c'est entre 8 et 15 ans que l'énergie de ce chakra est la plus forte.

La mudra *associée au chakra n° 2*

Mes conseils pour équilibrer votre chakra n° 2

- Chantez la note de musique « ré », apprenez les danses de salon ou la danse du ventre.
- Imprégnez-vous de la couleur orange : décoration, vêtements, thé, aliments (citrouille, potiron, curcuma, mandarine, orange, abricot, nectarine, selon la saison).
- Utilisez les huiles essentielles biologiques, pures et complètes, de lavande, ylang-ylang, santal, bois de rose, bergamote, gingembre ou néroli.
- Portez des minéraux orange : cornaline, œil-de-tigre, calcite orange, ambre, jaspe léopard, pierre de lune, opale des Andes, aragonite fleur.
- Faites pousser du calendula et consommez de la coriandre, du fenouil, de la réglisse, de la vanille, de la caroube, du cumin ou du paprika doux.
- Massez et stimulez les deux éminences de la paume de votre main et le côté interne de votre plante de pied, juste avant le talon.
- Pour développer l'énergie de ce chakra, pratiquez la *mudra* (geste des doigts) associée.

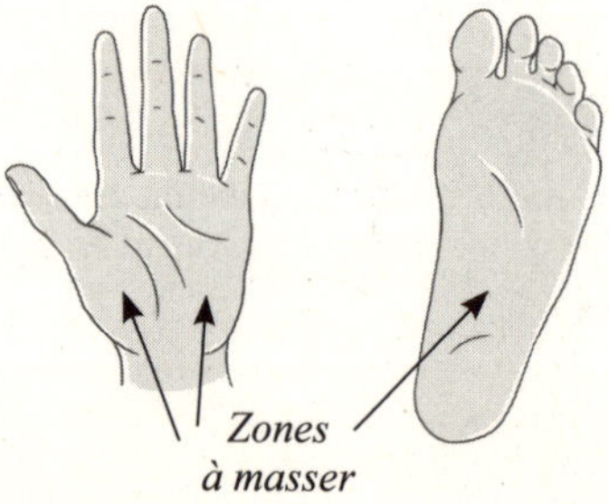

◆ Le chakra n° 3

C'est le **chakra du plexus solaire** ou *manipura* (en sanskrit).

Emplacement : il est situé juste en dessous du sternum, entre la 2e vertèbre dorsale et la 1re vertèbre lombaire.
Mot-clef : affirmation de soi.
Sens : vue.
Couleur : jaune.
Élément : feu.
Anatomie : pancréas, foie, vésicule biliaire, rate et système digestif.
Polarité positive : respect de soi-même et des autres, ouverture, joie, détente, spontanéité, chaleur, activité physique et rayonnement à sa juste valeur.
Polarité négative : manque de combativité, timidité, dépression, soumission ou domination, colère, jugement, agressivité, matérialisme, contrôle par les émotions et manque d'enthousiasme.
Âge : c'est entre 15 et 22 ans que nous le développons le plus.

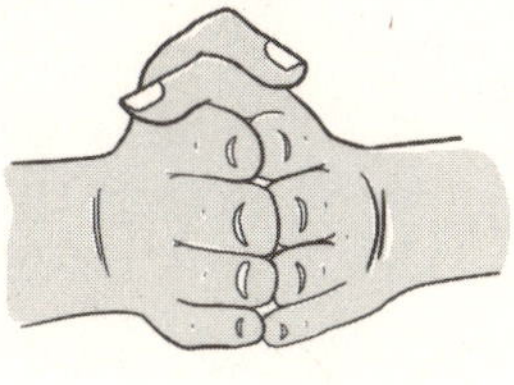

La mudra *associée au chakra n° 3*

Mes conseils pour équilibrer votre chakra n° 3

- Chantez la note de musique « mi » et écoutez une fanfare, un orchestre, une harmonie.
- Imprégnez-vous de la couleur jaune : décoration, vêtements, aliments (citron, ananas, mirabelle, pomme, banane, poire, pomelo, selon la saison).
- Utilisez les huiles essentielles biologiques, pures et complètes, de citron, petitgrain bigarade, genièvre, camomille noble, bergamote, romarin, estragon ou marjolaine.
- Portez des minéraux jaunes : calcite jaune ou miel, citrine, fluorine jaune, jade jaune, œil-de-tigre, ambre, opale, quartz rutilé, soufre natif, aventurine jaune, topaze.
- Consommez des racines de guimauve mais aussi de l'anis, du céleri, de la menthe, de la mélisse, du fenouil et du cumin.
- Massez et stimulez l'intersection entre vos doigts et la paume de votre main ainsi que votre voûte plantaire juste en dessous du coussinet.
- Pour développer l'énergie de ce chakra, pratiquez la *mudra* (geste des doigts) associée.

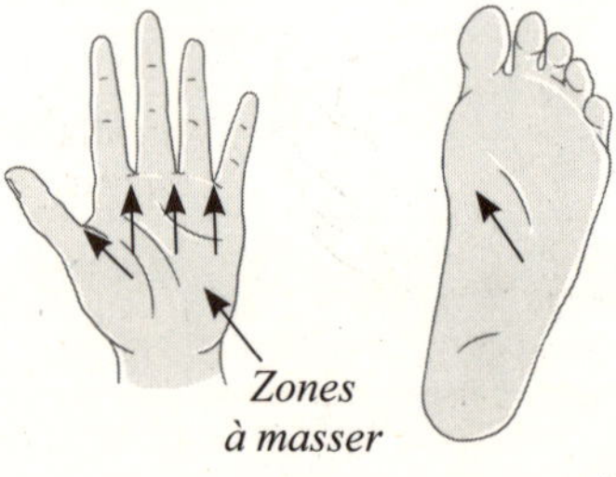

♦ Le chakra n° 4

Le chakra n° 4 est appelé chakra du cœur ou *anahata* (en sanskrit).

Emplacement : il est situé entre les seins.
Mot-clef : amour.
Sens : toucher.
Couleurs : vert et rose.
Élément : air.
Anatomie : thymus (qui régule le poumon et le cœur), circulation sanguine, système immunitaire, dos et bras.
Polarité positive : compassion, authenticité, entraide, développement de l'amour inconditionnel, ouverture, amitié, sentiment profond et sincère.
Polarité négative : incapacité à aimer, indifférence, peur du rejet, de l'abandon ou de l'échec en amour, déceptions relationnelles fréquentes, avarice, égoïsme, égocentrisme, repli sur soi, solitude et victimisation.
Âge : c'est entre 22 et 30 ans, que l'énergie de ce chakra est la plus forte.

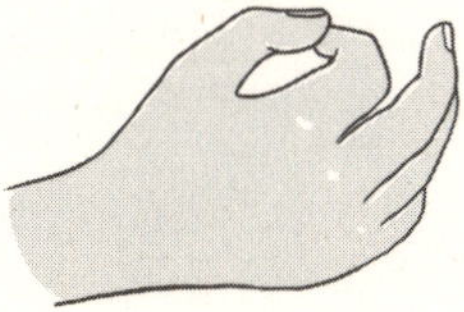

La mudra *associée au chakra n° 4*

Mes conseils pour équilibrer votre chakra n° 4

- Chantez la note de musique « fa », écoutez ou jouez de la musique classique, des hymnes ou des chants religieux.
- Imprégnez-vous du vert et du rose : décoration, vêtements, aliments verts (pomme, épinard, haricot vert, algues) ou roses (crevette, radis, pamplemousse, guimauve selon la saison).
- Utilisez les huiles essentielles biologiques, pures et complètes de rose de Damas, mandarine, œillet ou muguet.
- Portez des minéraux verts (malachite, fluorine verte, agate mousse, péridot, aventurine, amazonite, opale verte) ou roses (quartz rose, rhodocrosite, tourmaline rose, topaze rose, kunzite, rhodonite, rubis).
- Consommez du thé vert classique, matcha, à la rose, à la guimauve, au jasmin, à la lavande, ou une infusion de baies d'aubépine.
- Massez et stimulez la ligne de votre cœur et le coussinet de vos pieds.
- Pour développer l'énergie de ce chakra, pratiquez la *mudra* (geste des doigts) associée.

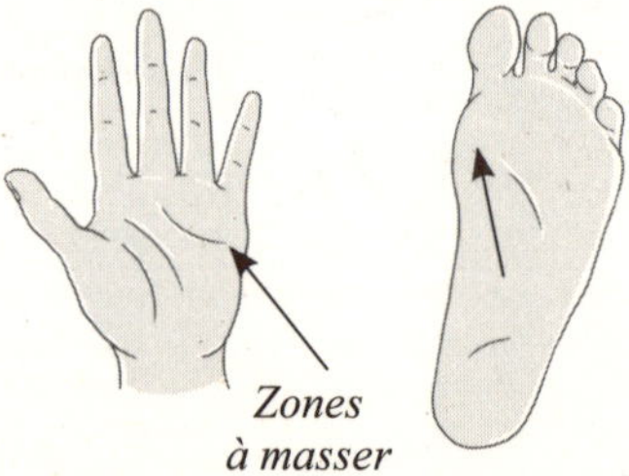

• Le chakra n° 5

Le chakra n° 5 est appelé **chakra de la gorge** ou *vishudda* (en sanskrit).

Emplacement : il est situé dans la gorge, au niveau de la 4e vertèbre cervicale.
Mot-clef : expression.
Sens : ouïe.
Couleur : bleu clair.
Élément : air.
Anatomie : thyroïde, parathyroïde, bronches, cou, gorge, nez, dents et oreilles.
Polarité positive : combativité, indépendance, capacité de persuasion, centrage, communication fluide, créativité inspirée, attirance pour la méditation et la spiritualité.
Polarité négative : timidité, bégaiement, discours décousu, dépendance, mensonge, manque d'assurance, nervosité et difficulté à s'exprimer clairement.
Âge : c'est entre 30 et 37 ans que l'énergie de ce chakra est la plus forte.

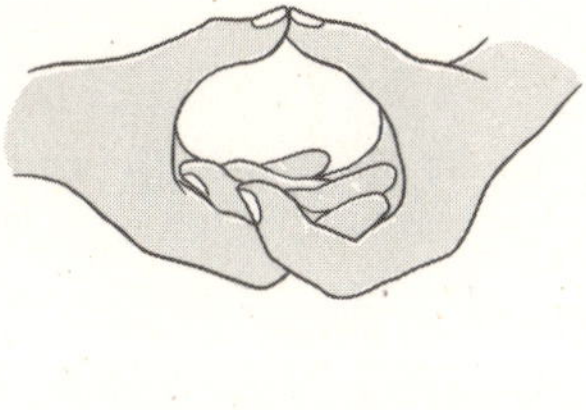

La mudra *associée au chakra n° 5*

Mes conseils pour équilibrer votre chakra n° 5

- Chantez la note de musique « sol », écoutez des chants spirituels ou des hymnes.
- Imprégnez-vous de bleu clair : décoration, vêtements, aliments bleus (algues, raisin, prunelle, myrtille, baie d'açai, selon la saison).
- Utilisez les huiles essentielles biologiques, pures et complètes, de camomille bleue, gardénia, ylang-ylang, niaouli, eucalyptus, lemon-grass, cardamome ou sauge sclarée.
- Portez des minéraux bleu clair : turquoise, calcédoine bleue, célestine, aigue-marine, cyanite, angélite, fluorine bleue, lapis-lazuli ou labradorite.
- Buvez de la tisane de trèfle rouge ou de menthe poivrée.
- Massez et stimulez la jointure entre votre paume et vos doigts ainsi que l'articulation de votre gros orteil.
- Pour développer l'énergie de ce chakra, pratiquez la *mudra* (geste des doigts) associée.

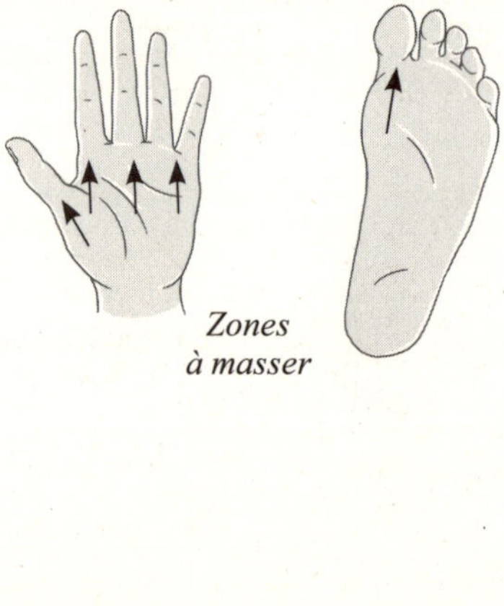

Zones à masser

◆ Le chakra n° 6

Le chakra n° 6 est appelé **chakra du troisième œil**, de l'intuition, ou *ajna* (en sanskrit).

Emplacement : il est situé au milieu du front, entre les sourcils.
Mot-clef : conscience.
Sens : intuition, notre sixième sens.
Couleur : bleu indigo.
Anatomie : glande de l'hypophyse, tige pituitaire, yeux, nez, sinus, cervelet et système nerveux central.
Polarité positive : développement des dons (clairaudience, clairvoyance, télépathie, accès aux vies antérieures...), liberté, lâcher-prise, détachement du matériel et aucune peur de la mort.
Polarité négative : complexe d'infériorité ou de supériorité, curiosité exagérée, fascination ou désintérêt total pour les différences de l'autre, attachement fort pour le matériel et les plaisirs physiques ou, au contraire, rejet total.
Âge : la conscience n'a pas d'âge particulier pour s'ouvrir et se développer.

La mudra *associée au chakra n° 6*

Mes conseils pour équilibrer votre chakra n° 6

- Chantez la note de musique « la », écoutez de la musique classique ou tout autre style qui vous ouvre l'esprit.
- Imprégnez-vous d'indigo : décoration, vêtements, aliments bleus (spiruline, raisin, prunelle, myrtille, baie d'açai, selon la saison).
- Utilisez les huiles essentielles biologiques, pures et complètes, d'immortelle, palmarosa, camphre, myrrhe amère, bois de santal, laurier noble ou sauge sclarée.
- Portez des minéraux bleus : sodalite, piétersite, topaze bleue, apatite bleue, labradorite, azurite, saphir bleu, lapis-lazuli ou tourmaline indigolite.
- Consommez de la menthe, du jasmin, du genévrier, du romarin, des graines de pavot ou de la lavande.
- Massez et stimulez les phalanges médiales de votre main (situées entre les distales et les proximales) et le centre de votre gros orteil.
- Pour développer l'énergie de ce chakra, pratiquez la *mudra* (geste des doigts) associée.

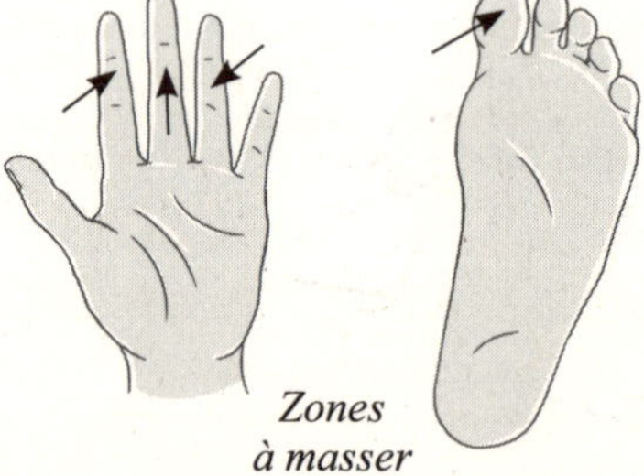

Zones à masser

• Le chakra n° 7

Le chakra n° 7 est appelé **chakra coronal**, du sommet ou *sahasrara* (en sanskrit).

Emplacement : il est situé au sommet du crâne, au niveau de la fontanelle.
Mot-clef : unité.
Couleurs : violet, blanc et or.
Anatomie : glande pinéale et épiphyse.
Polarité positive : ce chakra est rarement ouvert, sauf chez les personnes qui ont beaucoup travaillé leurs dons et ont réalisé un long chemin spirituel. Lorsqu'il s'ouvre, on a une forte attirance pour les enseignements mystiques, spirituels et occultes.
Polarité négative : ce chakra est très souvent fermé car dans tout individu, il y a une part de doute et de remise en question des mystères divins.
Âge : il n'y a pas d'âge particulier pour atteindre la grâce, l'extase et la béatitude.

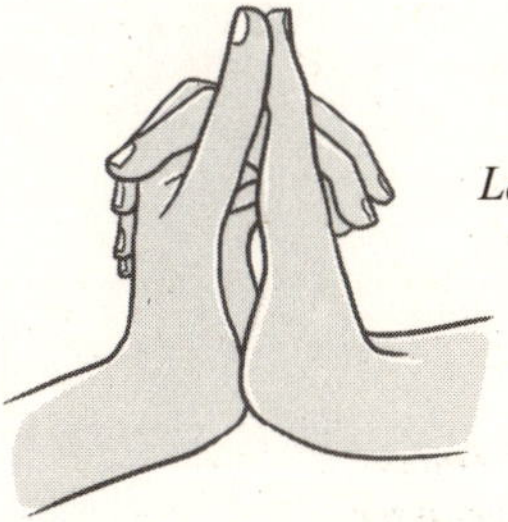

La mudra *associée au chakra n° 7*

Mes conseils pour équilibrer votre chakra n° 7

- Chantez la note de musique « si », écoutez de la musique classique ou tout autre style qui vous ouvre l'esprit.
- Imprégnez-vous de violet, blanc et or : décoration, vêtements, aliments (cassis, grenade, myrtille, mûre, prune, figue, pruneau, chou, aubergine, lotus, blanc d'œuf, poisson blanc, selon la saison).
- Utilisez les huiles essentielles biologiques, pures et complètes, de lavande fine, violette, lotus, cyprès ou sauge sclarée.
- Portez des minéraux violets, blancs ou or : améthyste, tanzanite, cristal de roche, charoïte blanche ou violette, jade blanc, pépite d'or ou or cristallisé.
- Faites brûler un bouquet de sauge et de fleurs de lavande.
- Massez et stimulez l'extrémité de vos doigts, sauf le pouce, et le bout de vos orteils.
- Pour développer l'énergie de ce chakra, pratiquez la *mudra* (geste des doigts) associée.

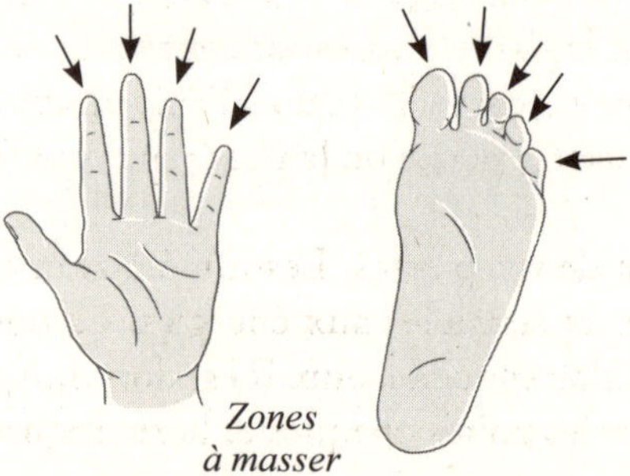

Zones à masser

Les différents outils en lien avec le magnétisme

En complément de l'outil indispensable pour pratiquer le magnétisme (vos mains !), il existe des instruments naturels qui vous aideront à mesurer et accroître votre pouvoir magnétique.

Les minéraux

La **lithothérapie** (du grec *lithos*, signifiant pierre, et *therapeia*, cure) est une médecine non conventionnelle. Par le biais des énergies des pierres et cristaux naturels, son but est de veiller au bien-être et de prendre soin d'un être vivant (humain, plante, animal...).

Pour augmenter la vibration de chaque pierre, réalisez une imposition des mains sur celle-ci pendant 5 minutes. Puis, placez-la sur le chakra correspondant avant de réaliser une séance de magnétisme. Au quotidien, vous pouvez aussi la glisser dans votre poche ou la poser sur votre bureau.

Prenez soin de vos pierres. Les minéraux et cristaux sont très fragiles et sensibles aux énergies. La poussière et la lumière les altèrent beaucoup. Il est donc important de les ranger dans des boîtes opaques et hermétiques en bois.

Utiliser des pierres implique aussi du soin et de la rigueur. Il faut les **purifier** et les **recharger** assez régulièrement. Pour les purifier, il existe plusieurs méthodes : l'eau de source ou déminéralisée (salée ou non), le souffle, les vibrations d'un bol tibétain chantant, la fumée d'encens de bois de santal et de sauge, de la terre, du sel ou encore de l'argile.

Après chaque purification, procédez au rechargement de vos pierres en énergie positive. Le rechargement peut se réaliser grâce à la lumière solaire, lunaire, par les flammes, dans une coquille Saint-Jacques placée au nord, sur un amas de cristal de roche, devant une géode d'améthyste ou en imposant vos mains sur votre pierre avec l'intention de la recharger.

Chaque pierre a sa préférence ! Aussi, renseignez-vous sur la méthode la plus adaptée à chacune.

MON KIT DE BASE

Voici les pierres que je vous conseille pour commencer.

- Hématite ou jaspe rouge pour le chakra n° 1
- Cornaline pour le chakra n° 2
- Citrine ou fluorine jaune pour le chakra n° 3
- Quartz rose pour le chakra n° 4
- Lapis-lazuli ou calcédoine pour le chakra n° 5
- Sodalite pour le chakra n° 6
- Améthyste pour le chakra n° 7

Le pendule et le biomètre de Bovis

Le pendule ne vous est pas totalement inconnu puisque je vous l'ai proposé p. 72 pour tester le degré de votre pouvoir magnétique.

Maintenant que vous développez votre magnétisme, il serait intéressant de tester votre taux vibratoire. Je vous recommande de le faire avant et après chacune de vos séances de magnétisme. Vous observerez ainsi plus concrètement l'évolution de votre pouvoir magnétique personnel. Je vous rappelle que plus votre taux vibratoire est haut, plus vous êtes protégé des agressions énergétiques extérieures.

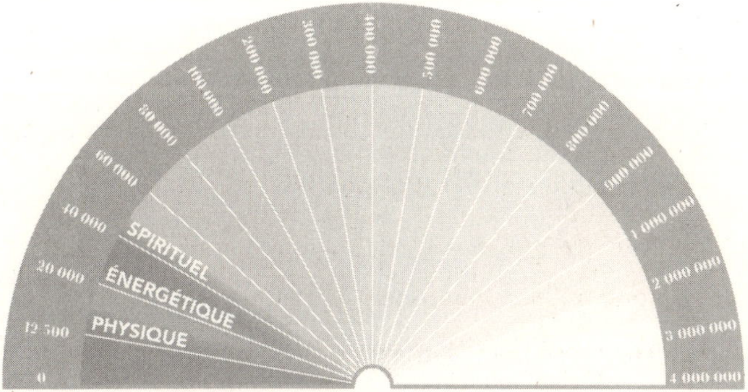

Le biomètre de Bovis, également appelé « abaque de recherche » en radiesthésie

À l'aide de l'abaque de radiesthésie ci-dessus, appelé biomètre de Bovis, placez l'un de vos doigts sur le rond blanc au centre du demi-cercle. Avec votre autre main, faites pendre le pendule au-dessus de votre doigt. Centrez-vous, puis dites : « Je désire connaître mon taux vibratoire réel et exact maintenant. » Le pendule va se déplacer et vous indiquer une tranche approximative que vous pourrez noter. Les nombres de l'abaque sont exprimés en unités Bovis.

EN RÉSUMÉ

Les chakras sont des centres de force. On en dénombre sept principaux dans notre corps.

L'aura est un halo coloré qui représente notre champ énergétique. Appelée également identité énergétique, elle se compose de plusieurs couches où circule l'énergie vitale.

Les chakras et l'aura ne font pas partie de la pratique ancestrale du magnétisme.

On peut ressentir l'énergie de ses chakras, la réaligner et l'harmoniser par la musique, la couleur, les huiles essentielles, les cristaux, la nourriture et le massage.

La lithothérapie est une médecine non conventionnelle qui utilise les énergies des pierres et cristaux pour prendre soin d'un être vivant (être humain, plante, animal...).

Pour calculer son taux vibratoire, on utilise le pendule et le biomètre de Bovis, qui sont des outils de radiesthésie.

Plus notre taux vibratoire est haut, plus nous sommes protégés des agressions énergétiques extérieures.

L'ENGAGEMENT

Intime, personnelle et profonde, votre relation avec le magnétisme prend aujourd'hui une place importante dans votre vie. Pour qu'elle s'étiole pas et ne se détériore pas au fil du temps, il est essentiel de consolider dès maintenant ses fondements.

Mais à quoi vous engagez-vous réellement ? Quelles sont les exigences de cette relation ? Existe-t-il des alternatives au magnétisme ? Cette dernière partie répondra à vos ultimes questionnements, avant de vous engager pleinement en disant « Oui ! » au magnétisme.

Éthique et déontologie

L'engagement dans la pratique du magnétisme demande de l'exigence, de la patience, du soin et une pratique régulière. Pour ne pas perdre de vue votre objectif et la raison principale de votre choix de pratiquer le magnétisme, je vous recommande de recopier ou de photocopier ma liste de bonnes pratiques. Glissez ce rappel bienveillant (en totalité ou certaines phrases) dans votre agenda ou placez-le en évidence sur votre bureau.

Le cadre légal

Je vous rappelle qu'en magnétisme, il existe un cadre légal à ne pas dépasser (voir p. 17-19). Le magnétisme ne doit jamais se substituer aux traitements médicaux prescrits par un professionnel de santé titulaire d'un diplôme de docteur en médecine.

Pour vous-même ou les autres, demandez toujours de faire tous les examens médicaux nécessaires pour vérifier l'état de santé. Nous devons suivre scrupuleusement l'avis du corps médical. Vous ne pouvez en aucun cas conseiller à une personne d'arrêter son traitement médical.

Au-delà du non-respect des autres et des valeurs que je vous ai transmises à travers cet ouvrage, vous enfreindrez la loi. Pour ne pas être accusé d'exercice illégal de la médecine, soyez très vigilant dans votre pratique mais aussi dans votre communication (orale et écrite). Je vous recommande de parler de « séance », de « rendez-vous », de « bien-être » et d'« accompagnement » ou de « complément thérapeutique ». Les termes « guérison », « soin » et « traitement » sont réservés au milieu médical.

Ma liste de bonnes pratiques

- Prenez du temps dans votre apprentissage, avec vous-même et vos receveurs. Respectez votre rythme personnel, mais aussi celui des autres.

- Gardez confiance en vous en restant humble, honnête et droit. Ne vous appropriez jamais les potentiels résultats de vos séances.

- Restez en écoute active en focalisant uniquement sur la personne que vous allez magnétiser.

- Pratiquez dans le respect de la dignité du cadre de référence, des attentes, des valeurs et des croyances des receveurs.

- N'intervenez jamais dans leurs choix personnels.

- Aidez et accompagnez le receveur en respectant son libre arbitre, son autonomie et sa responsabilité personnelle.

- Gardez toujours l'intention que la force vitale opère pour le plus grand bien du receveur. N'attendez aucun résultat et ne forcez rien. La vie est parfois très surprenante !

- Soyez votre meilleur ami en prenant soin de vous. Soyez attentif à votre état de santé. Gardez une hygiène de vie saine et équilibrée.

- Demandez systématiquement l'autorisation au receveur d'imposer vos mains sur son corps. Respectez son intimité et sa bulle de protection personnelle.

- Interdisez-vous de formuler un diagnostic pour une maladie physique ou psychologique si vous n'êtes pas docteur en médecine.

- Restez discret en préservant le secret professionnel en toutes circonstances. Ne divulguez jamais le contenu d'une de vos séances de magnétisme.

- N'intervenez pas en présence de symptômes médicaux sans l'accord écrit d'un médecin.

- Ne substituez pas la pratique du magnétisme à un traitement médical.

- Restez dans la gratitude envers la vie pour le développement de votre énergie magnétique.

- Arrêtez immédiatement la pratique du magnétisme si vous n'y trouvez plus d'intérêt ou que cela ne vous procure ni bien-être ni plaisir.

Mes 10 commandements pour devenir un magnétiseur conscient

J'ai créé cette liste de commandements comme les limites du cadre de base de la pratique consciente et saine du magnétisme.

◆ 1er commandement

Aucune séance de magnétisme sans l'autorisation préalable du receveur tu n'effectueras. L'accord de chaque receveur tu obtiendras.

◆ 2e commandement

Le secret professionnel, la confidentialité et la relation de confiance avec le receveur ; sous aucun prétexte, tu ne bafoueras.

◆ 3e commandement

Aucune manipulation, diagnostic, prescription ou conseil médical tu ne tenteras car les compétences, les connaissances et l'autorisation légale tu ne possèdes.

◆ 4e commandement

La guérison et les miracles tu ne promettras car tes limites personnelles d'être humain et le champ de tes compétences tu respecteras.

◆ 5e commandement

La personne déficiente mentale et le jeune de moins de 18 ans, sans accord et présence de ses parents ou de son tuteur légal, tu ne magnétiseras.

- **6e commandement**

D'aucune religion, secte, science occulte, art divinatoire ou don extraordinaire tu ne te revendiqueras.

- **7e commandement**

Vers une obligation de moyen mais pas de résultat tu t'engageras.

- **8e commandement**

Apaiser, soulager ou atténuer la souffrance, physique ou morale, dans la limite de ton plein potentiel, tu sauras.

- **9e commandement**

Ta santé et ton état physique, psychique, émotionnel et affectif en premier tu respecteras. Augmenter la puissance et l'efficacité de ton magnétisme pour le plus grand bien de tous à l'esprit tu garderas.

- **10e commandement**

La sécurité du receveur sans condition tu privilégieras. Le corps médical ou toute personne ayant les compétences nécessaires tu référeras.

Les différentes alternatives : la massothérapie, l'hypnose thérapeutique et le Reiki Usui

Nous sommes tous uniques et différents. Tout au long de notre vie, nous évoluons, nous nous enrichissons et nous nous métamorphosons. Notre vérité d'aujourd'hui pourra être différente demain ou bien rester la même. Il n'y a pas d'erreur, ni d'échec, simplement des expériences de vie. J'ai la croyance qu'aucune méthode ou technique ne peut être la meilleure ou la plus performante et convenir à tous. C'est pourquoi, avant de vous engager pleinement dans le magnétisme, il me semble important de vous sensibiliser à trois autres approches énergétiques. Ces dernières peuvent être des compléments ou des alternatives au magnétisme.

La massothérapie

Agréée par la FQM (Fédération québécoise des massothérapeutes), je suis depuis 2019 massothérapeute professionnelle certifiée. Même si certains praticiens très académiques et anatomiques peuvent penser le contraire, en massant, on utilise inconsciemment le magnétisme !

• Un lien étroit avec le magnétisme

Le massage est une approche holistique, qui va bien au-delà du traitement d'un dysfonctionnement du corps, de la prévention d'une blessure, de la détente ou de la profonde relaxation. Hormis les techniques propres au magnétisme et l'affirmation positive proposée p. 106, la pratique de la massothérapie est quasiment similaire. L'intention d'apporter le plus grand bien au receveur avec l'emploi unique de ses mains est identique. Le **pouvoir magnétique du massothérapeute**, même s'il n'en a pas conscience, est donc en jeu lorsqu'il appose ses mains. En pratiquant le massage, on établit une relation énergétique avec l'autre. Un échange d'énergie s'effectue naturellement entre le ou la massothérapeute et la personne massée.

• Les contre-indications

Notez qu'il existe certaines contre-indications au massage (premières semaines après une chirurgie, antécédent de trouble cardiaque, maladie inflammatoire aiguë, hémophilie...).

LES PLUS DE LA MASSOTHÉRAPIE

La pratique de la massothérapie développe notre toucher thérapeutique et la finesse de nos ressentis. Lorsque nous recevons un massage, nous tombons en transe légère en relâchant toutes nos tensions. Notre mental prend congé pour laisser place à notre inconscient. Nous redécouvrons ainsi les sensations de notre corps et augmentons notre ancrage.

L'hypnose thérapeutique

Praticienne en hypnose éricksonienne et coach certifiée par la Haute École de coaching de Paris, je pratique parfois l'hypnose thérapeutique dans le cadre de mes accompagnements personnalisés.

• L'hypnose, c'est quoi ?

Il s'agit d'une technique menant à **un état modifié de conscience**, différent de notre état classique de conscience et dans lequel nous sommes la plupart du temps.

L'hypnose éricksonienne nous fait tomber dans un état de transe légère, qui nous aide à séparer notre conscient (la partie gauche de notre cerveau) de notre inconscient (la partie droite). Lorsque nous sommes en **transe hypnotique**, nous dormons en apparence. Et pourtant, nous sommes en éveil de conscience. Notre inconscient, qui dirige 97 % de notre vie, n'est plus parasité par notre conscient. Nous avons donc encore plus de contrôle sur nous-même, nos désirs, nos besoins et nos objectifs !

Nous sommes d'ailleurs toutes les 90 minutes en autohypnose sans même nous en rendre compte. La transe légère est un état naturel que la technique de l'hypnose identifie, stimule, augmente et exploite pour en tirer tous les bienfaits. Comme le magnétisme, l'hypnose prévient les maladies, accompagne leur gestion quand elles sont présentes et peut même stopper leur développement.

• Les contre-indications

Il existe des contre-indications absolues qui sont d'ordre psychiatrique, comme la psychose aiguë, la décompensation de pathologie psychotique, la schizophrénie, la sénilité, le trouble bipolaire ou encore la dépression sévère.

La pratique de l'hypnose à partir du monde « interne » d'une personne diagnostiquée psychotique est extrêmement délicate et peut s'avérer très dangereuse. Elle risque grandement de fragiliser le receveur et parfois même d'entraîner un épisode psychotique. Il est donc préférable de s'adresser aux rares psychiatres titulaires d'une certification en hypnose thérapeutique.

LES PLUS DE L'HYPNOSE

La pratique de l'hypnose ou de l'autohypnose thérapeutique nous aide à dépasser nos blocages, nos limites et nos difficultés sur tous les plans (physique, psychique, émotionnel et affectif). Cette thérapie brève est un atout dans le développement de notre pouvoir magnétique personnel.

Le Reiki Usui

Maître Reiki, j'enseigne le Reiki Usui Holy Fire depuis deux ans.

• Le Reiki, c'est quoi ?

Cette technique japonaise découverte en 1922 par Mikao Usui est pratiquée par imposition des mains. Elle apporte un profond apaisement au corps, au mental et à l'âme, sur tous les plans : physique, émotionnel, affectif et spirituel.

Le Reiki Usui se transmet et s'enseigne grâce à un **procédé d'initiations** qui nous met en « relation directe » avec l'énergie universelle. Nous devenons un « **canal Reiki** » sécurisant et sécurisé, directement connecté à la « source de Lumière ». Lorsqu'on pratique le Reiki pour les autres, on en reçoit également puisque l'énergie Reiki passe de notre tête à nos mains. Cette énergie met rapidement en état de transe légère, même les plus cérébraux d'entre nous. L'énergie en jeu n'étant pas la nôtre, ce canal est sécurisé et sécurisant. À la différence d'une séance de magnétisme, après une séance de Reiki, on ne se sent pas vidé, bien au contraire ! Lorsque vous aurez découvert et testé cette méthode, vous comprendrez aisément que je n'avais plus aucun intérêt à utiliser ma propre énergie magnétique !

✦ L'initiation

Le seul impératif du Reiki est de se faire initier en présence d'un maître Reiki enseignant. L'initiation est un **procédé énergétique** visant à transformer et à augmenter notre taux vibratoire afin qu'à notre tour, nous puissions capter l'énergie universelle pour la laisser passer hors de nos mains. L'ouverture et l'activation de votre canal ne peuvent donc pas se faire à distance ou par le biais d'un livre comme certains peuvent le prétendre.

LES PLUS DU REIKI

Il n'y a aucune contre-indication au Reiki. Cette technique peut être apprise par tous, dès le plus jeune âge, sans prérequis, don, croyance ou religion particulière. Elle est simple et accessible, mais très puissante.

EN RÉSUMÉ

Le magnétisme est une pratique exigeante, qui demande de la patience, du soin et un entraînement régulier.

La massothérapie, l'hypnose thérapeutique et le Reiki Usui sont des compléments ou des alternatives au magnétisme. Leur point commun est la transe légère dans laquelle ils nous amènent.

Écoutez votre intuition et respectez votre évolution, vos compétences, vos valeurs, vos croyances, vos envies, vos limites ainsi que celles des receveurs.

Restez humble et empreint de gratitude pour le développement de votre pouvoir magnétique dans un but thérapeutique.

Faites preuve d'éthique et de professionnalisme en respectant scrupuleusement le cadre légal (pas de diagnostic, de prescription, de conseils sur la santé ou d'utilisation de termes médicaux).

Pour une pratique consciente et saine du magnétisme, engagez-vous à suivre et respecter mes dix commandements.

CONCLUSION

« On fait notre métier pour délivrer et pour transmettre notre connaissance. Quelque chose qui m'est cher, c'est la transmission du savoir. »

Alain Ducasse

J'ai à cœur de dire que je ne veux pas tomber dans la marmite superficielle du « fast-food du développement personnel ». Même si je n'ai pas la prétention d'avoir la carrière de ce chef, à la tête de plusieurs restaurants trois étoiles au Guide Michelin, cette citation d'Alain Ducasse illustre parfaitement mon état d'esprit.

Passionnée par l'enseignement et la transmission, j'ai pris beaucoup de plaisir à écrire cet ouvrage. Mon changement de vie, amorcé il y a dix ans, n'aurait pas été si fluide si je n'avais pas trouvé sur mon chemin des livres pratiques, simples et abordables. J'ai donc à cœur de partager avec le plus grand nombre les méthodes et techniques qui me passionnent. Elles font ce que je suis aujourd'hui. Si elles peuvent apporter à au moins l'un d'entre vous ce qu'elles m'ont permis de devenir, j'en serai comblée.

La transmission est à mon sens un passage de flambeau. Alors, à votre tour d'entretenir, à votre façon, la flamme de votre relation avec le magnétisme. Je crois profondément en la force des mots. Ils sont de véritables portes vers le monde et vers notre monde... intérieur. J'espère sincèrement que ce livre a pu répondre à vos besoins et à vos questionnements, pour que vous développiez votre propre lien avec le magnétisme.

S'il ne fallait retenir qu'une seule chose, c'est que **le magnétisme est présent et vibre en chacun de nous, sans aucune distinction. Il n'attend qu'à être réveillé, honoré et pratiqué régulièrement.**

Aujourd'hui, vous avez réalisé la moitié du chemin. Maintenant, le reste vous appartient. Il ne tient qu'à vous de développer et jouir de votre énergie personnelle pour le plus grand bien de tous.

Vous allez désormais découvrir une chose assez incroyable. Dès que vous arrêterez de magnétiser, en particulier pour vous, vous ressentirez un besoin irrésistible de magnétiser. Vous le ressentirez dans vos mains et dans tout votre corps.

Je vous souhaite une pratique riche en expériences et en découvertes. N'oubliez jamais que vous êtes le cocréateur ou la cocréatrice de votre vie. Vous avez les commandes de votre destinée... Alors, à vous de jouer !

MERCI À…

L'Univers, mes guides et mes animaux de pouvoir de m'avoir permis de repousser les limites de mon énergie personnelle, à tout point de vue. Le jeu en valait la chandelle !

Annabelle, pour sa fidélité à toute épreuve.

Toutes les personnes qui ont contribué à ce livre, des deux côtés de l'Atlantique, tout particulièrement Vanessa pour sa confiance et Ludmilla pour son investissement.

Laurie, dont les mots écrits il y a cinq ans résonnent aujourd'hui profondément en moi : « Tu as un don pour l'écriture et dans cette vie, tu as la mission d'écrire des livres. Tes qualités d'oratrice et d'enseignante font partie de ton chemin spirituel. Une de tes missions est d'apporter la guérison aux personnes. »

Marjorie, Sylvie, Hervé, Guy, Ambre, Charles, Dominique et Pascal, mon maître Reiki, pour les rôles importants qu'ils ont joué depuis ma renaissance il y a dix ans.

Toutes les personnes honnêtes, bienveillantes et professionnelles que j'ai rencontrées dans le domaine du développement personnel, mais aussi les jaloux, les envieux et les manipulateurs, voire les dangereux gourous qui ont croisé mon chemin.

Mon mari, qui me suit avec tant d'amour depuis douze ans dans toutes mes folies.

Ma famille de sang, d'accepter ma singularité, et ma famille de cœur, de m'avoir choisie comme marraine d'Andie. Je vous aime.

Mes amis, en particulier **Bouchra, Marjorie, Florian, Stéphanie et Christelle** pour leur infaillible soutien.

Tous mes **clients**, mes **coachés**, mes **confrères**, mes **consœurs** et mes **auditeurs**.

Ma lumineuse team Reiki et en particulier Cécile, une vraie guerrière de Lumière.

Tous ceux qui n'ont pas cru en moi par le passé, encore aujourd'hui, et même peut-être demain. Merci aussi à ceux qui, au contraire, me font une confiance aveugle.

Et enfin, un très grand MERCI à quelqu'un que vous connaissez bien : **vous !**
Sans lecteur, pas d'auteur !

ANNEXES

Glossaire

Abaque de recherche en radiesthésie
L'abaque de recherche en radiesthésie, ou biomètre de Bovis (du nom de son inventeur André Bovis), est une planche que l'on utilise avec un pendule pour mesurer notre taux vibratoire (voir entrée « Taux vibratoire » plus loin, ou p. 49).

Ancrage
L'ancrage signifie prendre conscience de soi et de son corps, s'accepter. Cette technique permet d'être relié à la terre.

Aura
L'aura est la représentation ovoïdale du champ énergétique d'un être vivant. Il entoure notre corps et reflète nos énergies personnelles (notre caractère, notre santé mentale, psychique, émotionnelle et physique).

Biomètre de Bovis
Voir « Abaque de recherche en radiesthésie »

Bulle de lumière

La bulle de lumière est la protection que nous pouvons nous créer, confortable, sécurisante et lumineuse, et qui s'adaptera à chaque moment de notre vie.

Fluide énergétique

Le fluide énergétique est l'énergie transmise par les mains du magnétiseur au receveur et qui rétablit l'harmonie dynamique de notre corps.

Homéostasie

L'homéostasie, c'est l'équilibre dynamique du corps et le processus par lequel nous tendons à cet équilibre.

Hypnose

Il s'agit d'une technique menant à un état modifié de conscience, différent de notre état classique de conscience, dans lequel nous sommes la plupart du temps. La pratique de l'hypnose peut nous permettre de dépasser certains blocages, limites ou difficultés de tout ordre (physique, psychique, émotionnel, affectif).

Imposition (des mains)

La technique d'imposition des mains est apparue pour la première fois en Égypte il y a 4000 ans. C'est la méthode la plus connue et exploitée. Elle consiste à placer ses mains à quelques centimètres du corps du receveur sans contact direct.

Karma

C'est la loi de cause à effet. En sanskrit, *karma* signifie « action ». Dans le bouddhisme, il est intimement lié à trois éléments fondamentaux : la pensée, la parole et le corps. Le karma est souvent associé à une destinée implacable et intangible alors qu'au contraire, il est au cœur du concept de responsabilité.

Loi d'attraction

Véritable pouvoir mental et vibratoire, la loi d'attraction est basée sur chacune de nos pensées, de nos émotions et de nos sensations. Le principe de la loi d'attraction est le suivant : en nous concentrant sur nos pensées, nos émotions et nos sensations positives, nous attirons à nous des expériences de vie positives, si elles doivent nous arriver.

Massage magnétique

Cette technique consiste à appliquer une pression du bout des doigts afin d'augmenter l'afflux sanguin, de décontracter les muscles et d'optimiser le flux lymphatique.

Massothérapie

Le massage est une approche holistique, qui va bien au-delà du traitement d'un dysfonctionnement du corps, de la prévention d'une blessure, de la détente ou de la profonde relaxation. La pratique de la massothérapie développe notre toucher thérapeutique et la finesse de nos ressentis.

Moteur de Tromelin (petit)
Il s'agit d'une méthode visant à tester son magnétisme.

Passe énergétique
Il s'agit d'une imposition des mains qui est en mouvement. Par exemple, l'imposition digitale circulaire ou rotatoire est considérée comme une passe énergétique ou magnétique.

Pendule
Le pendule est un instrument de radiesthésie, consistant en un objet de bois ou de métal, au bout d'un fil.

Polarité (des mains)
On parle de polarité pour désigner la main positive et la main négative. Dans le cas d'une personne droitière, la main droite est plus chaude et apporte de l'énergie calmante en rechargeant le receveur en énergie. La main gauche est négative, froide et stimulante : elle aspire et décharge l'énergie du receveur. Dans le cas d'un gaucher, il faut inverser.

Reiki
Le Reiki est une technique japonaise découverte en 1922 par Mikao Usui. Cette pratique se fait par imposition des mains. Elle apporte un profond apaisement au corps, au mental et à l'âme, sur tous les plans : physique, émotionnel, affectif et spirituel.

Taux vibratoire

Le taux vibratoire est lié à l'énergie. Chaque être vivant possède une fréquence de vibration énergétique qui est constituée par un nombre d'oscillations, sur une unité de temps donnée. On peut mesurer un taux vibratoire en comptant le nombre d'oscillations par seconde.

Triangle de Karpman

Le triangle de Karpman met en évidence un scénario relationnel classique entre une victime, un bourreau et/ou un sauveur. Ces observations viennent du docteur Stephen B. Karpman sur les comportements interrelationnels. Il décrit, en 1968, les trois rôles, encore bien actuels, qui composent ce triangle.

Index

G

H

I

J

K

L

M

N

O

P

R

S

T

V

Achevé d'imprimer en Espagne par Liberduplex en Espagne
pour le compte des Editions Marabout (Hachette Livre)
58, rue Jean Bleuzen
92 178 Vanves Cedex
Dépôt légal : mai 2024
ISBN : 978-2-501-17292-9
7883773 – Ed.03

PAPIER CERTIFIÉ